融资担保

Financing Guarantee

金 虹 张 飞 等 编著

上海交通大学出版社
SHANGHAI JIAO TONG UNIVERSITY PRESS

内容提要

改革开放之后出现的我国融资担保行业已有近 30 年发展历程,现今担保广泛应用于经济生活的方方面面。融资担保作为一项重要的法律行为,是普惠金融的重要组成部分,为促进中小微企业的发展起到了积极作用。本书理论与实践相结合,以融资担保业务为切入口,介绍了融资担保业务所涉及的担保法律理论、融资担保实务等内容,对政府性融资担保业务等进行了总结和探索,并就我国融资担保行业的发展提出了政策建议。

本书适合金融专业大学生、银行从业人员、融资担保行业的从业人员,以及承担融资担保行业监管职能的政府工作人员阅读。

图书在版编目(CIP)数据

融资担保/金虹等编著. —上海:上海交通大学出版社,2025.1—ISBN 978 - 7 - 313 - 31283 - 9

Ⅰ. D923. 24

中国国家版本馆 CIP 数据核字第 2024QE1352 号

融资担保

RONGZI DANBAO

编 著:金 虹 张 飞 等			
出版发行:上海交通大学出版社	地 址:上海市番禺路 951 号		
邮政编码:200030	电 话:021 - 64071208		
印 制:苏州市古得堡数码印刷有限公司	经 销:全国新华书店		
开 本:710mm×1000mm 1/16	印 张:12. 25		
字 数:180 千字			
版 次:2025 年 1 月第 1 版	印 次:2025 年 1 月第 1 次印刷		
书 号:ISBN 978 - 7 - 313 - 31283 - 9			
定 价:68. 00 元			

前　言

　　我国融资担保行业经历了近 30 年的发展过程，从起步探索到快速发展，再到规范发展，融资担保行业的发展重点进一步聚焦定位于政府性融资担保业务。融资担保是普惠金融体系的重要组成部分，是破解小微企业和"三农"融资难、融资贵问题的重要手段和关键环节。具有准公共产品属性的政府性融资担保业务，在政府政策的支持下蓬勃开展。特别是 2020 年新冠疫情发生以来，政府性融资担保对中小微企业的支持，发挥了不可替代的作用。

　　本书共分为三个部分：第一部分介绍了融资担保业务所涉及的担保法律知识，主要内容包括融资担保概述、融资担保方式、反担保和再担保等；第二部分是融资担保实务，主要内容包括融资担保公司的设立、融资担保业务操作、融资担保公司的注销等；第三部分聚焦于政府性融资担保业务，对有关政府性融资担保业务的操作模式、风险管理机制的建构进行了分析，并结合实践，提出了思考和建议。

　　融资担保行业的发展，需要广大从业人员不断地实践探索。本书把融资担保业务涉及的相关知识梳理出来，略作归纳，抛砖引玉，为融资担保行业的从业人员或者对融资担保感兴趣的读者提供一本简单易读的入门读本，以期作为业务实践的铺路石。

目　录

第一部分　融资担保法律理论

第三部分　思 考 与 探 索

融资担保法律理论

第₁章
融资担保概述

融资担保是现代社会市场交易的重要组成部分之一,也是保障债权实现的重要法律制度之一。我们需要从融资担保的含义、特征、类型等方面来全面了解这项制度。

1.1 融资担保的含义

1.1.1 什么是融资担保

担保是一项重要的民事法律制度,是指当事人根据法律规定或者约定,当债务人(被担保人)不履行对债权人负有的债务时,由担保人代为履行相关债务的民事法律行为。融资担保是指担保人为被担保人借款、发行债券等债务融资提供担保的行为[①]。融资担保属于债的担保,是保障债权实现的法律制度。债是指特定当事人之间依据合同的约定或者依照法律的规定,请求为特定行为的民事法律关系,其主要内容是债权和债务。

融资担保涉及债权人(被担保人)、债务人、担保人相互之间的关系,形成三个方面的法律关系:一是债权人与债务人形成债权债务法律关系,该法律

---

① 参见 2017 年 8 月,国务院《融资担保公司监督管理条例》第 2 条的规定。

关系在债权人(银行等金融机构)与债务人(融资企业或个人)的债权合同中予以约定,债务人具有偿还债务的义务,债权人享有实现债权的权利;二是债权人与担保人形成债的担保的法律关系,该法律关系在担保人与债权人的保证合同或相关保证条款中予以约定,担保人在债务人不履行偿还义务的情况下,具有按照约定代为清偿所担保的债的义务;三是担保人与债务人形成代为清偿和追偿的法律关系,该法律关系在担保人与债务人的委托担保合同或相关委托担保的意思表示中予以约定。

融资担保分为人的担保和物的担保。人的担保,是指以人(自然人或法人)作为担保方(保证人)的担保形式,当债务人不履行债务时,债权人有权向保证人请求履行或赔偿损失,保证人则有义务代替债务人履行债务和承担债务不履行的法律后果。物的担保,是指债务人或者第三人以特定财产作为抵偿债权的标的,在债务人不履行其债务时,债权人可以将财产变现,从中优先受偿。我国法律规定的物的担保主要包括抵押、质押和留置。

1.1.2 融资担保的特征

融资担保是保障债权实现的一种制度,具有如下特征。

1.1.2.1 从属性

担保作为债权保障制度,其目的是确保特定债权的实现,为特定债权服务,所以,被担保的债权是主权利,担保是从权利,被担保的债权债务合同是主合同,担保合同是从合同[①]。担保的从属性表现在以下几个方面:

第一,设立的从属性,即担保的设立以主债权的存在为前提,在主债权不存在、不确定、无效等情况下,设立的担保权无效。

第二,转移的从属性,即主债权转移时,除担保权专属于债权人自身的情形外,担保权也随之转移。同时,担保权不能单独转移,必须随被担保的主债

---

① 参见《中华人民共和国民法典》(以下简称《民法典》)第 682 条第 1 款:"保证合同是主债权债务合同的从合同。主债权债务合同无效的,保证合同无效,但是法律另有规定的除外。"《民法典》第 388 条第 1 款:"设立担保物权,应当依照本法和其他法律的规定订立担保合同。担保合同包括抵押合同、质押合同和其他具有担保功能的合同。担保合同是主债权债务合同的从合同。主债权债务合同无效的,担保合同无效,但是法律另有规定的除外。"

权一起转移。

第三，消灭的从属性，即当被担保的主债权消灭时，担保也随之消灭，不能单独存在。

第四，效力的从属性，即担保合同中有关排除担保从属性的约定无效，其无效不当然导致整个担保合同无效。主合同有效，有关担保独立性的约定无效，不影响担保合同的效力；主合同无效，则担保合同当然无效①。

第五，担保范围的从属性，担保责任本质上是担保人代替债务人履行债务，其履行债务后可以向债务人追偿。如果担保人承担的担保责任范围大于债务人的责任范围，超出部分将无法向债务人追偿②。

1.1.2.2　补充性

担保是为了弥补主债务人履行上的潜在不足，具有补充性。在履行期限届满主债务人不履行自己债务的情况下，债权人才能要求担保人履行担保义务，实现担保权。对于债权人来说，主合同权利是第一顺序的权利，担保合同对应的担保权是第二顺序的权利。特别是在被担保的债权既有债务人自己提供的物的担保又有人的担保的情形下，如果没有约定或者约定不明确，债权人应当先就该物的担保实现债权③。在此情形下，更体现了担保的补充性，债务人自身的履行义务是整个债的关系中的首要义务。

---

① 参见《最高人民法院关于适用〈中华人民共和国民法典〉有关担保制度的解释》第 2 条："当事人在担保合同中约定担保合同的效力独立于主合同，或者约定担保人对主合同无效的法律后果承担担保责任，该有关担保独立性的约定无效。"

② 参见《最高人民法院关于适用〈中华人民共和国民法典〉有关担保制度的解释》第 3 条："当事人对担保责任的承担约定专门的违约责任，或者约定的担保责任范围超出债务人应当承担的责任范围，担保人主张仅在债务人应当承担的责任范围内承担责任的，人民法院应予支持。担保人承担的责任超出债务人应当承担的责任范围，担保人向债务人追偿，债务人主张仅在其应当承担的责任范围内承担责任的，人民法院应予支持；担保人请求债权人返还超出部分的，人民法院依法予以支持。"

③ 参见《民法典》第 392 条："被担保的债权既有物的担保又有人的担保的，债务人不履行到期债务或者发生当事人约定的实现担保物权的情形，债权人应当按照约定实现债权；没有约定或者约定不明确，债务人自己提供物的担保的，债权人应当先就该物的担保实现债权；第三人提供物的担保的，债权人可以就物的担保实现债权，也可以请求保证人承担保证责任。提供担保的第三人承担担保责任后，有权向债务人追偿。"

1.1.2.3　单务性

担保的单务性是由担保的性质决定的。单务合同是指一方当事人仅享有权利而不向对方负担义务,或者虽然负担义务但并非对待给付义务的合同。担保合同正是这样的合同,担保人与担保权人之间的权利和义务是单向的,担保人仅向担保权人负担担保义务而不享有权利,担保权人仅对担保人享有权利而不负担义务。创设担保的目的是保障特定主债权的实现,并非通过担保来交换利益,单就担保而言,担保人没有权利,担保权人没有义务。

1.1.3　人的担保

人的担保,简称人保,又称为保证,它是债权债务关系之外的第三方(保证人)担保特定债权实现的行为,当债务人不履行债务时,保证人按照约定履行债务或者承担责任[①]。

1.1.3.1　保证的含义

法律上的保证是指债的关系之外的第三人向债权人承诺债务人肯定会履行自己的债务,当以后债务人不履行债务时,该第三人代替债务人向债权人履行或赔偿债权人的损失。

保证是第三人与债权人之间设定的双方法律行为。保证的当事人是保证人和债权人,其设定通常是订立保证合同。虽然保证行为是保障债务人履行债务,债务人也涉及保证关系之中,但债务人不是保证的当事人,不是保证行为的权利方和义务方。

保证是为了保障债权人的债权完全实现而设定的担保方式。某一债权债务发生后,债务人有权自由处分自己一般责任的财产[②],这样会给日后债权的完

---

① 参见《民法典》第 681 条:“保证合同是为保障债权的实现,保证人和债权人约定,当债务人不履行到期债务或者发生当事人约定的情形时,保证人履行债务或者承担责任的合同。”

② 责任财产是责任人用以承担民事清偿责任的财产。根据民法一般原则,责任人以其全部财产对债务承担责任,但在法律和合同另有规定的情况下,责任人可以仅以其特定部分的财产对债务负责,如设定担保的财产对所担保的债权负责清偿。一般责任财产是“特定责任”财产以外的责任财产。

全实现带来风险;而保证将保证人的一般责任财产也纳入了保障债权实现的范围,当日后债务人的一般责任财产不足以清偿债权时,用保证人的一般责任财产来清偿。因此,保证是通过增加一般责任财产范围的方式来实现其担保功能。

保证权实现的方法主要是代为履行债务,是在保证人有代为清偿能力时,由保证人代替债务人向债权人履行主债务。此外,保证人可以和债权人约定,当债务人到期不履行债务并因此给债权人造成损失时,由保证人对债权人遭受的损失承担赔偿责任。在融资担保中主要是代为清偿,由保证人向债权人清偿债务人未履行的债务,从而实现保证权。

1.1.3.2　保证的特征

保证作为担保的一种,也具有担保的三个特征。此外,不同于物的担保,保证还具有一个人身性的特征。

人身性,是指保证与保证人的特定人格相关联,与保证人的信用密切相关。因为保证设定后保证人仍有权自由处分自己的一般责任财产,这就会给债权人日后债权的完全实现带来风险。在这种情况下,保证人的信用相当重要。也就是说,债权人对保证人的信任是保证的关键所在。债权人信赖保证人的经济实力,信赖保证人不会任意不当处分自己的财产从而使一般责任财产减少。也正因为此,保证也被称为信用担保。在融资担保业务中,融资担保公司是专门经营融资担保业务的一类公司,为债务人的融资向银行等金融机构主债权人提供信用保证,融资担保公司的信用情况、履约能力等是金融机构考量融资担保公司的重要方面。

1.1.4　物的担保

物的担保,简称物保,又称为担保物权,它是债务人或者第三人以特定物来担保特定债权实现的行为,当履行期限届满主债权未获完全清偿时,债权人可以从该特定物折价或者拍卖、变卖的所得价款中优先受偿。①

---

① 参见《民法典》第 386 条:"担保物权人在债务人不履行到期债务或者发生当事人约定的实现担保物权的情形,依法享有就担保财产优先受偿的权利,但是法律另有规定的除外。"

1.1.4.1 担保物权的含义

物权,是指权利人依法对特定的物享有直接支配和排他的权利,包括所有权和他物权(用益物权和担保物权)。用益物权是对他人所有的不动产或者动产(不动产指土地以及建筑物等土地附着物;动产指与不动产相对,能够移动而不损害其经济用途和价值的物),依法享有占有、使用和收益的排他性的权利,用益物权以对物的使用收益为目的,支配的是物的使用价值。担保物权是为了保障特定债权的完全实现,在债务人或第三人的特定物上设定的权利,支配的是物的交换价值。

担保物权存在于债务人或第三人的特定物上,担保物权与保证不同,保证权的实现依赖的是保证人的信用,担保物权的实现依赖的是物的交换价值。担保物包括债务人或第三人享有所有权的物,也包括虽不享有所有权但享有处分权的物。担保物权的客体是物,也可以是权利。一般情况下,担保物权的物是特定物,但有的担保物权的客体为不特定物,例如,浮动抵押中的抵押物为不特定物。担保物权以优先受偿为主要内容,在履行期限届满主债权未获完全清偿时,担保物权人有权将担保物折价或者拍卖、变卖,并从所得价款中优先受偿。

1.1.4.2 担保物权的特征

担保物权作为物权的一种,具有物权的特定性、支配性、排他性、优先性等特征,也具有担保的从属性、补充性和单务性特征,同时,担保物权有着自己的独特特征——不可分性和物上代位性。

(1) 不可分性,是指担保物权设定后,担保物权的效力及于担保物的全部,并不因为担保物、主债权、主债务的分割、转让或部分清偿而受影响[1]。担

---

[1] 参见最高人民法院《关于适用〈中华人民共和国民法典〉有关担保制度的解释》第 38 条、第 39 条:主债权未受全部清偿,担保物权人主张就担保财产的全部行使担保物权的,人民法院应予支持,但是留置权人行使留置权的,应当按照《民法典》第 450 条的规定处理。担保财产被分割或者部分转让的,担保物权人主张就分割或者转让后的担保财产行使担保物权的,人民法院应予支持。主债权被分割或者部分转让的,各债权人主张就其享有的债权份额行使担保物权的,人民法院应予支持。主债务被分割或者部分转移,债务人自己提供物的担保,债权人请求以该担保财产担保全部债务履行的,人（转下页）

保物分割、转让后，担保物权人仍然可以就分割、转让后的担保物的全部行使担保物权；担保物部分灭失的，担保物的剩余部分仍担保着全部债权的实现，并不会因为灭失而缩减担保的债权额。主债权分割后，每个债权人可以依其应有部分，与其他债权人对担保物的全部行使担保物权；主债权部分获得清偿后，担保物的全部仍然担保着主债权的剩余部分，并不会因此缩减担保的债权额。债务分割是将一个债务在数个债务人之间进行分割，无论分割后的数个债务人对债权人承担的是按份责任还是连带责任，债权人原有的担保物权继续担保分割后的数个债务；债务部分履行的，对于未履行的债务，担保物权仍然继续担保其完全实现。

（2）物上代位性，是指担保物权成立后，担保物因毁损、灭失、征收等致使担保物形态发生变化的，担保物权的效力及于赔偿金、补偿金等担保物的替代物之上[①]。当担保物权实现时，担保物权人可以就赔偿金、补偿金等替代物优先受偿。担保物权的物上代位性以担保物存在赔偿金、补偿金等替代物为前提，如果担保物毁损、灭失而没有替代物，担保物权则随着担保物的毁损、灭失而灭失。

1.1.4.3　担保物的范围

担保物的范围是指担保物权效力所及标的物的范围，即用来设定担保的物的范围。担保物的范围不仅关系到担保物权人的利益，而且对担保人的普通债权人的利益有着直接的影响。担保物的范围包括担保物、从物、从权利、孳息、代位物。

（1）担保物又称担保财产，是指担保人用来设定担保的物。担保物首先应具备可处分性，即担保人对担保物具有处分权。此外，担保物需具有特定性、价值性和流通性等特征：特定性是指担保物必须是特定的物，能够与其他

（接上页）民法院应予支持；第三人提供物的担保，主张对未经其书面同意转移的债务不再承担担保责任的，人民法院应予支持。《民法典》第 450 条：留置财产为可分物的，留置财产的价值应当相当于债务的金额。

① 参见《民法典》第 390 条：担保期间，担保财产毁损、灭失或者被征收等，担保物权人可以就获得的保险金、赔偿金或者补偿金等优先受偿。被担保债权的履行期未届满的，也可以提存该保险金、赔偿金或者补偿金等。

物区别开来;价值性是指担保物本身必须具有价值,日后可以取得变价所得价款;流通性是指担保物可以自由转让,以保障能够对担保物进行变价处置,实现担保物权。

根据《民法典》的相关规定,可以用于抵押的担保物有:建筑物和其他土地附着物;建设用地使用权;海域使用权;生产设备、原材料、半成品、产品;正在建造的建筑物、船舶、航空器;交通运输工具;法律、行政法规未禁止抵押的其他财产。可以用于质押的担保物有:汇票、本票、支票;债券、存款单;仓单、提单;可以转让的基金份额、股权;可以转让的注册商标专用权、专利权、著作权等知识产权中的财产权;现有的以及将有的应收账款;法律、行政法规规定可以出质的其他财产权利等有处分权的权利。由此可见,用于设定担保的物,不仅包括物,也包括权利。

(2)从物是主物的对称,若从物产生于担保物权依法设立之前,根据"对主物的处分及于从物"规则[1],担保物权的效力及于担保物的从物[2]。

(3)从权利是指互有关联的两个民事权利中,效力受另一个权利效力制约的权利。主权利设定担保的,从权利也为担保物权效力所及[3]。

(4)孳息是指原物所产生的收益。孳息是否为担保物权效力所及,与是否转移担保物的占有有关。一是转移占有的担保物权的孳息:设定担保物权后,担保物权人取得对担保物的占有,在担保物权存续期间,担保物权人可以收取担保物的孳息,该孳息为担保物权效力所及。当事双方可以约定孳息充抵主债权,以减少主债权的数额[4]。二是不转移占有的担保物权的

---

[1] 参见《民法典》631条:因标的物的主物不符合约定而解除合同的,解除合同的效力及于从物。因标的物的从物不符合约定被解除的,解除的效力不及于主物。《民法典》第320条:主物转让的,从物随主物转让,但是当事人另有约定的除外。

[2] 参见《最高人民法院关于适用〈中华人民共和国民法典〉有关担保制度的解释》第40条:从物产生于抵押权依法设立前,抵押权人主张抵押权的效力及于从物的,人民法院应予支持,但是当事人另有约定的除外。从物产生于抵押权依法设立后,抵押权人主张抵押权的效力及于从物的,人民法院不予支持,但是在抵押权实现时可以一并处分。

[3] 参见《民法典》第381条:地役权不得单独抵押。土地经营权、建设用地使用权等抵押的,在实现抵押权时,地役权一并转让。

[4] 参见《民法典》第430条:质权人有权收取质押财产的孳息,但是合同另有约定的除外。前款规定的孳息应当先充抵收取孳息的费用。

孳息：不转移占有的担保物权设定后，担保人仍然占有使用担保物，有权收取担保物的孳息，担保物权的效力不及于孳息。但是在担保物权的实现过程中，一旦担保物被扣押，法律允许担保物权的效力及于孳息。自扣押之日起担保权人收取的孳息按下列顺序清偿：收取孳息的费用、主债权的利息、主债权。

（5）代位物是指担保物权成立后，担保物因毁损、灭失、征收等致使担保物形态发生变化的，担保物权的效力及于赔偿金、补偿金等担保物的替代物。

1.1.5　混合共同担保

担保是保障债权实现的有效手段之一，是现代社会经济往来中，特别是融资领域中的重要法律手段。为确保债权的实现，债权人往往设立多重担保，有债务人自身提供的抵质押（物保），也会有第三方提供的保证（人保）或者抵质押（物保），形成混合共同担保。混合共同担保，是指对同一主债权提供两个或两个以上的担保，担保的形式既有人的担保（保证），又有物的担保（抵押、质押等）。简言之，混合共同担保就是人保和物保混合的共同担保。

各担保人可以对担保责任的承担顺序以及各担保人担保的范围和比例作出约定；未就担保份额作出约定时，各担保人负连带担保责任。

混合共同担保的主要操作类型有共同连带责任和比例连带责任的混合共同担保。共同连带责任的混合共同担保的操作模式是主债权项下设立物保和人保，物保和人保不设担保比例，共同为全部主债权提供连带责任担保，每个担保对全部主债权的实现均承担连带责任。比例连带责任的混合共同担保的操作模式是主债权项下设立物保和人保，物保和人保按约定的担保比例对主债权进行担保。政府性融资担保实务中常会使用这种比例连带责任的混合共同担保模式，一般是物保对全部债权承担担保责任，人保（政府性担保）对部分债权（例如 80％ 的债权本金部分）承担连带责任保证。人保也可以是共同保证人，有的保证人对全部债权承担连带责任保证，有的保证人对部分债权承担连带责任保证。

1.2 担保人

1.2.1 担保人资格规定

物保的担保人和人保的保证人的法律地位是一样的,在人保中不能做保证人的,在物保中也不能做担保人,此外,物保的担保人须对担保物具有处分权。

《民法典》规定:"机关法人不得为保证人,但是经国务院批准为使用外国政府或者国际经济组织贷款进行转贷的除外。以公益为目的的非营利法人、非法人组织不得为保证人。"《民法典》没有对其他非营利法人或者特别法人能否提供保证作出规定,但《最高人民法院关于适用〈民法典〉有关担保制度的司法解释》(简称《有关担保制度的解释》)对村民委员会、居民委员会、学校、幼儿园、医疗机构、养老机构等能否提供担保这一类在实践中存在较大争议的主体作出了规定:村民委员会、居民委员会不具有担保资格,但是依法代行村集体经济组织职能的村民委员会,依照村民委员会组织法规定的讨论决定程序可以对外提供担保;登记为营利法人的民办学校、幼儿园、医疗机构、养老机构等,性质上是企业法人,具有担保资格。

1.2.2 作为对融资性债务提供担保的担保人

1.2.2.1 自然人

具备完全民事行为能力的自然人,可以自由处分自己的财产,可以作为担保人。民事行为能力是指民事主体能以自己的行为取得民事权利、承担民事义务的资格。根据《民法典》的规定,18 周岁以上的自然人为成年人,具有完全民事行为能力;16 周岁以上的未成年人,以自己的劳动收入为主要生活来源的,视为完全民事行为能力人。我国公民具有完全民事行为能力应当满足两个条件:一是 18 周岁以上,16 周岁以上不满 18 周岁的,需以自己的劳动取得收入,并能维持当地群众一般生活水平;二是精神状况健康正常,能够理解法律规范和社会生活共同规则,理智地实施民事行为。

1.2.2.2　企业法人

企业法人是指具有符合国家法律规定的注册资金、企业名称、组织章程、组织机构、住所等法定条件，能够独立承担民事责任，经主管机关核准登记取得法人资格的社会经济组织。企业法人须依据《中华人民共和国企业法人登记管理条例》等，经各级市场监督管理机关登记注册。

具有法人资格的企业可以为自己的债务提供担保，那能否为他人的债务提供担保呢？《公司法》第 15 条规定："公司向其他企业投资或者为他人提供担保，依照公司章程的规定，由董事会或者股东会决议；公司章程对投资或者担保总额及单项投资或者担保数额有限额规定的，不得超过规定的限额。公司为公司股东或者实际控制人提供担保的，应当经股东会决议。前款规定的股东或者受前款规定的实际控制人支配的股东，不得参加前款规定事项的表决，该项表决由出席会议的其他股东所持表决权的过半数通过。"据此，公司只要遵守章程的规定，按照规定的程序，可以为他人的债务提供担保。

1.2.2.3　经营性事业单位和社会团体

事业单位和社会团体属于非营利法人。《民法典》规定："具备法人条件，为适应经济社会发展需要，提供公益服务设立的事业单位，经依法登记成立，取得事业单位法人资格；依法不需要办理法人登记的，从成立之日起，具有事业单位法人资格。具备法人条件，基于会员共同意愿，为公益目的或者会员共同利益等非营利目的设立的社会团体，经依法登记成立，取得社会团体法人资格；依法不需要办理法人登记的，从成立之日起，具有社会团体法人资格。"事业单位和社会团体都具有公益性质，以公益为目的的事业单位、社会团体不得为担保人。但是，随着我国经济体制的改革，许多事业单位向社会提供有偿服务，这些单位既有财政拨款，又从事经营活动。这类从事经营的事业单位和社会团体，具有提供担保的资格。

1.2.2.4　非法人组织

非法人组织是和自然人、法人并列的民事主体，它能以自己的名义独立地进行民事活动，只是在责任的承担上不能完全独立而要依赖其出资人。非法人组织可以独立地从事经营活动,有权作为担保人,为自己或他人的债务提供担保。非法人组织包括个人独资企业、合伙企业、不具有法人资格的专业服务机构等。

1.2.3　特殊的担保人:融资担保机构

前述的几类民事主体是为融资性债务提供担保的担保人的主要类型,还有一类特殊的担保人就是专门从事融资担保业务的担保机构,也就是以融资担保为经营范围的融资担保公司或其他类型的融资担保机构。下面对融资担保机构作一阐述。

融资担保机构是依法设立、经营融资担保业务的机构,包括公司制和非公司制的融资担保机构。公司制和事业单位为融资担保机构的两种基本形式。公司制包括有限责任公司和股份有限公司两种形式的融资担保公司,多为商业性融资担保机构[1];事业单位形式的融资担保机构多为政府性融资担保机构[2],机构大多冠以"担保中心"字样。2010 年,银保监会等七部委出台《融资性担保公司管理暂行办法》(简称《管理暂行办法》),对融资担保公司的设立做了具体规定,融资担保公司由各省、自治区、直辖市人民政府实施属地管理。

在《管理暂行办法》出台之前,我国的融资担保机构是依据《公司法》设立的普通公司。由于《担保法》在担保人的主体资格上并没有针对融资担保机构作出特别的规定,因此,融资担保机构作为普通公司向市场监督管理机关申请登记注册,从事担保、投资等业务,只要不属于国家法律法规限制或者禁止经营的,都属于合法之列。

2017 年 8 月,国务院颁布了《融资担保公司监督管理条例》(简称《监督管理条例》),对融资担保公司的设立、经营、监督等做了具体规定。

---

[1] 本书所指的"商业性融资担保机构"是相对于"政府性融资担保机构"而言的,不以服务中小微企业和"三农"主体为主要经营目标的融资担保机构。

[2] "政府性融资担保机构"是依法设立、由政府及其授权机构出资并实际控股、以服务中小微企业和"三农"为主要经营目标的融资担保、再担保机构。

1.3 被担保的主债权

担保行为担保的是特定债权,被担保的主债权是担保中的一项重要内容。

1.3.1 债权的种类

债权是请求他人为一定行为或不为一定行为的权利,债权与债务相对应。依据债发生的原因,可分为合同之债、侵权行为之债、不当得利之债、无因管理之债。

(1) 合同之债是基于合同的约定而产生的请求权。合同是债权产生最主要的原因。

(2) 侵权之债是基于侵权行为而产生的请求权。侵权行为可分为一般侵权行为和特殊侵权行为。在一般侵权行为中,当事人一方只有因自己的过错而给他人造成人身和财产损失时,才负赔偿的责任,如果没有过错,就不需负赔偿责任。而在特殊侵权行为中,只要造成了他人的损失,即使不存在过错,仍要负赔偿责任。

(3) 不当得利之债是基于不当得利而产生的请求权。不当得利是指既没有法律上的原因,也没有合同上的原因,获得了不当利益,而使他人受到损失的行为。在不当得利的情况下,受到损失的当事人有权要求另一方返还不当利益。

(4) 无因管理之债是基于无因管理而产生的请求权。无因管理是指没有法定或者约定的义务,为避免他人的利益受损失而进行管理和服务的,提供管理和服务的一方有权要求他方支付必要的费用。

1.3.2 被担保的主债权

担保的设立以保障特定债权的实现为目的,不管是合同之债权、侵权之债权、不当得利之债权,还是无因管理之债权,都可以作为被担保的主债权,称为被担保的对象。原《担保法》第 2 条第 1 款规定:"在借贷、买卖、货物运输、加工承揽等经济活动中,债权人需要以担保的方式保障其债权实现的,可以依照办法设定担保。"《担保法司法解释》第 1 条规定:"当事人对由民事关系产生的债权,在不违反法律、法规强制性规定的情况下,以担保法规定的方式设定担保的,可以认定为有效。"《民法典》第 387 条第 1 款规定:"债权人在借贷、买卖等民事活动中,为保障实现其债权,需要担保的,可以依照本法和其他法律的规定设立担保物权。"可见,被担保的主债权范围由原来限定在因经济活动发生的债权扩大到由民事关系产生的债权,因国家行政行为、司法行为等产生的债权不属于被担保的主债权范围。

1.3.3 融资担保中被担保的主债权

对于融资担保,被担保的主债权是融资性的债权。融资性债权,也称金钱债权,是指以给付一定数额的金钱为标的的债权。金融借贷债权是常见的融资性债权,它是以资金融通为目的,在借款人与金融机构之间形成以金钱为标的的债权债务关系。金融机构是出借资金方(贷款方),享有收回资金以及约定利息的权利,是债权方;借款人是借用资金方(借款方),负有按约定偿还资金和利息的义务,是债务方。在融资性债权债务关系中,出借资金方也可以是非金融机构的其他民事主体。当然,无论是金融机构还是非金融机构,出借资金均须符合相关的法律规定,只有合法的债权才可被纳入被担保的主债权范围内。

融资性债权债务通常以合同的形式呈现,融资担保就是对合同中约定的资金偿还义务提供担保,从而确保主债权的实现。

需要说明的是,被担保的主债权可以是已经存在的融资性债权,也可以是未来发生的融资性债权。例如,最高额保证,保证人应当对在最高债权额限度内一定期间连续发生的债权承担保证责任;又如,最高额抵质押,债务人或者第三人对一定期间内将要连续发生的债权提供担保财产的,债务人不履行到期债务或者发生当事人约定的实现抵质押权的情形,抵质押权人有权在最高债权额限度内就该担保物优先受偿。最高额保证和最高额抵质押所担保的债权系未来之债权,是不特定的,将来的债权是否发生,债权额是多少,这些在提供担保之时均是不确定的。

1.3.4　担保责任范围

担保责任范围,即担保责任所及的债权范围。担保合同生效后,担保合同担保主债权的实现。担保责任范围是否仅仅及于主债权?对于双方约定的担保,担保责任所及的债权范围由担保人和债权人约定,主债权、利息、违约金、损害赔偿金、保管担保物的费用以及债权人实现担保的费用,均属于担保合同所及的范围①。

(1)主债权,是指担保合同所担保的特定债权。在融资担保业务中,主债权通常是债务人向债权人申请的借款。

(2)利息,是指主债权的孳息,包括约定利息和法定利息。

(3)违约金和损害赔偿金:违约金是指主债权债务合同的双方,约定日后一方如果不履行债务,要向对方支付一定数额的款项;损害赔偿金是指主债权债务的债务人不履行债务给债权人造成损失的,向债权人赔偿所造成的损失。违约金和损害赔偿金都是债务人在不按合同约定履行债务时应当承担的责任形式,都属担保责任范围。

(4)实现担保的费用,是指担保权实现时,担保权人为此而支出的合理费用,包括诉讼、仲裁、拍卖等费用。这些费用是因债务人不履行债务而引起的,是担保权人为了实现担保权必须支付、无法避免的费用,理应属于担保责任范围。

在约定担保中,担保人和债权人有权就担保的债权范围作出明确约定,可以约定只担保主债权的本金,也可以约定担保主债权的本金、利息、违约金等。法律尊重当事人的意思自治,按照当事人的约定范围来处理。在法定担保中,担保的债权范围则按照法律规定的范围。

---

① 参见《民法典》第 691 条:"保证的范围包括主债权及其利息、违约金、损害赔偿金和实现债权的费用。当事人另有约定的,按照其约定。"第 389 条:"担保物权的担保范围包括主债权及其利息、违约金、损害赔偿金、保管担保财产和实现担保物权的费用。当事人另有约定的,按照其约定。"

1.4 融资担保的类型

目前开展的融资担保业务主要包括贷款担保、票据承兑担保、贸易融资担保、项目融资担保、信用证担保和其他融资担保业务。

1.4.1 贷款担保

贷款担保是银行业金融机构作为债权人向借款人（债务人）发放贷款，通过借款合同约定债权债务，担保机构与银行业金融机构等债权人约定，当借款人不按照借款合同的约定还本付息时，由担保机构承担担保责任的法律行为。

商业银行发放的贷款按照借款人是否能够提供担保，分为信用贷款、担保贷款和票据贴现。信用贷款是指以借款人的信用发放的贷款，无须提供任何形式的担保；担保贷款有保证、抵押、质押贷款等；票据贴现是指贷款人以购买借款人未到期银行票据或商业票据的方式发放的贷款。在实践中，担保机构提供的担保贷款品种主要为短期流动资金贷款，担保机构向银行提供保证担保，属于保证贷款。

1.4.2 票据承兑担保

票据承兑是指商业汇票的承兑人在汇票上记载一定事项，承诺到期支付票据的票据行为。商业汇票一经银行承兑，承兑银行必须承担到期无条件付款的责任。票据承兑担保，是指担保机构向银行业金融机构等债权人约定，对票据承兑所发生的债务予以保证的行为。实践中，银行通常会给予企业一定的授信额度，在额度范围内，债务人可以申请贷款或者开具承兑汇票，担保机构为授信额度项下的全部债务向银行提供最高额保证担保。

1.4.3 贸易融资担保

贸易融资是银行的业务之一，是银行对进口商提供的与进出口贸易结算相关的短期融资或信用便利。境外贸易融资业务，是指在办理进口开证业务时，利用国外代理行提供的融资额度和融资条件，延长信用证项下付款期限的融资方式。贸易融资主要有进口押汇、限额内透支、进口代付、假远期信用证等方式，担保机构为贸易商上述银行业务提供的担保即为贸易融资担保。

1.4.4　项目融资担保

项目融资是指贷款人向特定的工程项目提供贷款协议融资，对于该项目所产生的现金流量享有偿债请求权，并以该项目资产作为附属担保的融资类型。它是一种以项目的未来收益和资产作为偿还贷款的资金来源和安全保障的融资方式。项目融资是以项目本身良好的经营状况和项目建成、投入使用后的现金流量作为还款保证来融资的，贷款的发放对象是专门为项目融资和经营而成立的项目公司。担保机构为项目融资提供担保，银行等债权人可以将一定的融资风险转移给担保机构。

1.4.5　信用证担保

信用证是银行用以保证买方或进口方有支付能力的凭证，是国际贸易活动中常见的结算方式。按照此种结算方式，买方先将货款交存银行，由银行开立信用证，通知异地卖方开户银行转告卖方，卖方按合同和信用证规定的条款发货，银行代买方付款。信用证方式有以下特点：一是信用证不依附于买卖合同，银行在审单时强调的是信用证与基础贸易相分离的书面形式上的认证；二是信用证是凭单付款，不以货物为准，只要单据相符，银行就无条件付款；三是信用证是一种银行信用，它是银行的一种担保文件。信用证担保就是担保机构为客户向银行申请开立信用证提供的担保。

1.4.6　再担保

我国现有法律、法规对再担保尚无明确规定。再担保法律关系的主体是担保人和再担保人，其最终目的是保障债权的实现，但该目的是通过分担担保人的责任、防范担保人无力清偿的风险而实现的。所谓再担保，是指为担保人设立的担保。当担保人不能独立承担担保责任时，再担保人将代替担保人向债权人继续清偿,以保障债权的实现。担保人和再担保人均为债务人向债权人负责。担保行业实务操作中,一般把再担保业务分为承担一般保证责任的再担保和承担连带保证责任的再担保。不同的再担保机构可能采取不同的再担保模式,有关再担保责任承担的比例和方式,主要取决于当事人之间的约定。

1.4.7　发行债券担保

债券发行是发行人以借贷资金为目的,依照法律规定的程序向投资人要约发行代表一定债权和兑付条件的债券的法律行为。债券发行是证券发行的重要形式之一,是以债券形式筹措资金的行为过程。通过这一过程,发行者以最终债务人的身份将债券转移到他的最初投资者手中。发行债券担保简称发债担保,是为了提高债券发行人的信誉,增加投资人的安全感和吸引力。融资性担保机构为证券发行人提供信用担保,以保证发行人到期偿还债券本息。

发债担保本质上也是融资担保,是为发债企业的直接融资提供担保。担保机构为发行债券提供担保是一项信用增级业务,担保责任一般包括债券本息、违约金、损害赔偿金、实现债权的费用等。

1.5　无效担保的法律后果

《民法典》第 388 条规定,设立担保物权,应当依照本法和其他法律的规定订立担保合同。担保合同包括抵押合同、质押合同和其他具有担保功能的合同。担保合同是主债权债务合同的从合同。主债权债务合同无效的,担保合同无效,但是法律另有规定的除外。担保合同被确认无效后,债务人、担保人、债权人有过错的,应当根据其过错各自承担相应的民事责任。因此,担保的主债权无效,即主合同无效,作为从权利的担保也会被认定为无效。此外,担保人或者担保物不符合法律的规定,也会发生担保无效的情况。

1.5.1　主合同无效导致担保合同无效的法律后果

根据《有关担保制度的解释》,担保人无过错的,不承担赔偿责任;担保人有过错的,须承担赔偿责任,根据其过错承担相应的责任,但不应超过债务人不能清偿部分的 1/3。

1.5.2　主合同有效而担保合同无效的法律后果

根据《有关担保制度的解释》,债权人与担保人均有过错,担保人承担的赔偿责任不应超过债务人不能清偿部分的 1/2;担保人有过错而债权人无过错的,担保人对债务人不能清偿的部分承担赔偿责任,该赔偿责任属于补充责任,而非连带赔偿责任;债权人有过错而担保人无过错时,担保人不承担赔偿责任。

需要说明的是:承担了赔偿责任的担保人在其承担责任的范围内有权向债务人追偿。

担保合同无效时反担保人的责任如何认定? 反担保合同担保的是担保人对主债务人的追偿权,并非担保合同的从合同;因此,即便担保合同无效,担保人在承担赔偿责任的范围内也享有对债务人的追偿权,因而反担保合同并不因担保合同的无效而无效,反担保人仍应对担保人的损失承担全部担保责任。当然,反担保合同虽然不因担保合同无效而无效,但也可能因其他理由被认定无效。在反担保合同因自身原因被认定无效时,则应依据主合同有效而担保合同无效时法律后果的规定来确定反担保人的赔偿责任。

第2章 融资担保方式

融资担保的方式主要有保证、抵押、质押、留置和定金。当然根据不同的标准，担保方式的分类也有所不同。

2.1 担保方式的类型

担保方式是指担保人用以担保债权的手段或者方法，担保方式不同，保障债权实现的方式也不一样。根据不同的标准，可以将担保方式分为以下几种类型。

2.1.1 根据法律规定的适用和类型化的程度，分为典型担保和非典型担保

典型担保，是指法律明确规定的担保方式，在我国即指由《民法典》所规定的保证、抵押、质押、留置、定金等几种担保方式，以及由其他法律所规定的担保方式，如《海商法》所规定的优先权，《票据法》所规定的票据保证，等等；而非典型担保是指虽然不属于法律规定的典型担保类型，但是由合同约定的具有担保功能的担保方式，如让与担保、所有权保留、融资租赁、保理、保证金质押等。

2.1.2　根据担保发生的根据,分为约定担保和法定担保

约定担保是完全由当事人自行约定而设立的担保,是当事人自愿设定的担保,即从担保的方式、担保的条件、担保的范围至担保权的行使等完全由当事人自行约定的担保,保证、抵押、质押以及定金担保均为约定担保;法定担保是指由法律直接规定而不是由当事人约定的担保。典型的法定担保为优先权以及留置担保。

2.1.3　根据担保的标的,分为人的担保与物的担保

人的担保,是指以人的信用来担保债权的担保方式,保证担保、并存的债务承担等都是人的担保;物的担保,是指以特定的一定财产来担保债权的担保方式。

根据《民法典》的规定,我国典型担保的担保方式主要有保证、抵押、质押、留置和定金五种。

2.2　保证

保证是指保证人和债权人约定,当债务人不履行债务时,保证人按照约定履行债务或者承担责任的行为。

2.2.1　保证方式

保证方式是保证人向债权人承担保证责任的方式,有一般保证和连带责任保证两种。[①]

2.2.1.1　一般保证

(1) 含义:一般保证又称补充责任保证,是保证人和债权人约定,债务人不能履行债务时,由保证人承担保证责任。只有债务人穷尽其全部一般责任财产仍然不能履行债务的,才由保证人承担保证责任。由此可见,在一般保

---

① 参见《民法典》第 686 条第 1 款:保证的方式包括一般保证和连带责任保证。

证中,保证人承担的保证责任处于第二顺序,第一顺序是债务人向债权人承担,所以又称为补充责任保证。

（2）承担责任的时间:《民法典》第 687 条第 1 款规定:"当事人在保证合同中约定,债务人不能履行债务时,由保证人承担保证责任的,为一般保证。"可见,保证人承担一般保证责任的时间为"债务人不能履行债务时",即债务人没有财产可以用来清偿自己的债务。《民法典》第 687 条第 2 款又规定:"一般保证的保证人在主合同纠纷未经审判或者仲裁,并就债务人财产依法强制执行仍不能履行债务前,有权拒绝向债权人承担保证责任。"与此可见,保证人承担一般保证责任的准确时间为"在主合同纠纷经审判或者仲裁,并依法对债务人可以执行的财产强制执行后债务仍未得到完全清偿时"。在这个时候,债务人在客观上属于清偿不能,处于第二顺序的保证人即承担保证责任。

（3）先诉抗辩权:先诉抗辩权是指一般保证的保证人在主债权人向其请求履行保证责任时,有权要求主债权人先就债务人财产诉请强制执行;在主合同债权债务纠纷未经审判或仲裁,并就主债务人财产依法强制执行仍不能履行债务前,保证人可以对主债权人拒绝承担保证责任的特殊抗辩权。一般保证责任与连带保证责任最大的区别就是:一般保证中,保证人享有先诉抗辩权,而连带保证的保证人不享有。

对于先诉抗辩权的行使,可以在诉讼或仲裁之前行使,即主债权人直接请求保证人履行保证债务时,保证人就可以行使先诉抗辩权;也可以在诉讼或仲裁的过程中行使,即主债权人已经针对保证人提起诉讼或申请仲裁,此时保证人行使先诉抗辩权。

法律在赋予一般保证人先诉抗辩权的同时,也要求债权人履行一定的义务。一般保证人在主债权履行期间届满后,向债权人提供了债务人可供执行财产的真实情况。基于诚实信用原则,债权人应当积极行使权利;如果债权人放弃或者怠于行使权利致使该财产不能被执行,会损害保证人的利益。因此,保证人可以在其提供可供执行财产的价值范围内不再承担保证责任[1]。需要注

---

[1] 参见《民法典》第 698 条:一般保证的保证人在主债务履行期限届满后,向债权人提供债务人可供执行财产的真实情况,债权人放弃或者怠于行使权利致使该财产不能被执行的,保证人在其提供可供执行财产的价值范围内不再承担保证责任。

意的是,根据《民法典》第 687 条第 2 款的规定,出现下列情况之一时,保证人就不能行使先诉抗辩权,而必须向债权人承担保证责任:①债务人下落不明,且无财产可供执行;②人民法院已经受理债务人破产案件;③债权人有证据证明债务人的财产不足以履行全部债务或者丧失履行债务能力;④保证人书面表示放弃先诉抗辩权。

2.2.1.2 连带责任保证

(1)含义:连带责任保证是指保证人与债务人约定由保证人与债务人对债务承担连带责任的一种保证方式。这里的连带责任是指当履行期届满,债务人没有履行债务时,债权人既可以要求债务人继续履行债务,也可以要求保证人在其保证范围内承担保证责任。也就是说,在连带责任保证的情况下,一旦主债务人届期没有履行主债务,在保证实务中,保证人和债务人处于相同地位,债权人可以选择向其中任何一方主张权利,也可以向两方同时主张权利①。连带责任保证方式,实际上是保证人放弃了可以享有的先诉抗辩权。因此,连带责任保证方式中保证人的责任较重,有利于保护债权人利益。

(2)承担责任的时间:连带保证人承担保证责任的时间是债务履行期限届满且债权没有获得完全实现之时,这时,不管是债务人主观不愿意履行还是客观上不能履行,都会导致连带责任保证人承担保证责任。只要履行期限届满债务人未履行债务,保证人就要承担保证责任,这既是连带保证的特点,也是它与一般保证最大的区别。

(3)保证责任的推定:保证责任的方式由保证人与主债权人在保证合同中约定,如果合同约定不明,则由法律推定保证人承担保证责任的方式。在现实生活中,由于大量保证合同条款内容笼统,保证承诺书过于简单,加之出具保证的当事人法治观念不强,难以做到文句严谨、规范,通常没有明确约定保证方式是一般保证还是连带责任保证,或者当事人对保证方式的约定不明确。《民法典》第 686 条第 2 款对这种没有约定和约定不明的情况作出了规

---

① 参见《民法典》第 688 条第 2 款:连带责任保证的债务人不履行到期债务或者发生当事人约定的情形时,债权人可以请求债务人履行债务,也可以请求保证人在其保证范围内承担保证责任。

定,如果保证人与保证权人对连带责任保证和一般保证没有作出约定或者约
定不明确的,推定为一般保证[①]。《民法典》将上述模糊的保证方式从原《担保
法》规定为连带责任保证修改为一般保证,有利于对保证人的保护。该规定
适用于难以确定保证人的真实意思表示的情况,如果可以通过意思表示,确
定当事人承担的是连带责任保证的,就不能推定为一般保证。比如,保证人
约定,在债务人不履行债务或者未偿还债务时即承担保证责任、无条件承担
保证责任等类似内容,不具有债务人应当先承担责任的意思表示,应认定为
连带责任保证。

2.2.2 保证的设立

2.2.2.1 保证合同的当事人

保证是当事人双方约定的担保,保证的设立就是债权人与保证人订立保
证合同或者保证条款。根据前述"担保人"的定义,担保人的资格同样适用于
保证人。需要强调的是,保证人需具有代为清偿债务的能力,这也是债权人
考量保证人最重要的条件。如果保证人不具备代为清偿债务的能力或者有
欠缺,债权人将不会选择这样的保证人。

2.2.2.2 保证合同的内容

保证合同是确定保证人和债权人之间权利和义务的依据,可以是单独订
立的书面合同,也可以是主债权债务合同中的保证条款。保证合同的内容包
括:被保证的主债权种类、数额;债务人履行债务的期限;保证的方式;保证担
保的范围;保证期间;双方认为需要约定的其他事项。

1) 主债权

保证人和债权人应当在保证合同中约定被担保的主债权,即设定保证是
担保哪个债权? 是哪些主体之间的债权? 是怎样的债权? 对于主债权的约
定应当清晰明确,对种类和数额均应表述清楚。该条款是保证合同的必备条
款,如果欠缺该条款,保证将无法成立。

---

① 参见《民法典》第 686 条第 2 款:当事人在保证合同中对保证方式没有约定或者约定不
明的,按照一般保证承担保证责任。

2）保证的范围

在确定了被担保的主债权之后,保证人和债权人还应该约定保证的范围,从而明确保证人在多大范围或限度内承担保证责任。根据保证的范围不同,保证可分为无限保证和有限保证。无限保证又称全部保证,是指保证人对主债权的全部承担保证责任。也就是说,主债权及利息、违约金、损害赔偿金和实现保证权的费用等都属于保证人的保证范围;有限保证又称为部分保证,是指保证人在一定的限度内承担保证责任。也就是说,保证人对主债权的部分承担保证责任,可能是固定的债权数额,或者仅仅指本金而不包括利息、违约金等。例如,保证人仅对主债权本金的 80% 部分承担保证责任,就属于有限保证。无论是无限保证,还是有限保证,保证人承担的保证责任范围不能超过主债权债务中债务人的责任范围,超出部分将无法向债务人追偿。

3）保证的方式

债权人和保证人在保证合同中除了约定主债权和保证范围外,还应当约定保证的方式,是承担一般保证还是连带责任保证。如果对保证方式没有约定或者约定不明的,则推定保证人承担一般保证。在融资担保的实践中,大多是由融资担保机构向银行等金融机构提供连带责任保证。

4）保证期间

（1）含义:保证期间是指保证合同当事人约定或依法律推定在主债务履行期届满后,保证人能够容许债权人主张权利的最长期限。在保证期间内,债权人应当向债务人提起诉讼或仲裁（在一般保证中）,或向保证人（在连带责任保证中）主张权利。逾此期限,债权人未提起上述主张的,保证人则不承担保证责任。可见,超过保证期间则产生债权人请求保证人承担保证责任的担保权利消灭的法律后果。

（2）保证期间的性质:对于保证行为,设定保证期间的目的在于保护保证合同（单务合同）中的保证人。诉讼时效①（债务履行期届满之日起 3 年）期间

---

① 诉讼时效是指民事权利受到侵害的权利人在法定的时效期间内不行使权利,当时效期间届满时,债务人获得诉讼时效抗辩权。在法律规定的诉讼时效期间内,权利人提出请求的,人民法院会强制义务人履行所承担的义务;而在法定的诉讼时效期间届满之后,权利人行使请求权的,人民法院就不再予以保护。

内,债权人没有向保证人主张保证责任的,债权人丧失胜诉权;债权人在保证期间内没有采取措施,保证人的保证责任消灭,债权人的保证权丧失。

需要说明的是,保证期间与保证债务的诉讼时效的功能相似,在期限内,若债权人不主张自己享有的保证权,则期限届满,保证人均有免除保证责任的机会。两者的区别是:如果债权人未在诉讼时效内向保证人主张权利的,债权人丧失胜诉权,但仍然有权向保证人主张保证权,不过保证人享有抗辩权,可以不承担保证责任;如果债权人未在保证期间内向保证人主张保证权,债权人的保证权消灭,保证人的保证责任因此而消灭,债权人此后不能再向保证人主张保证权。在保证期间内,债权人向保证人主张了权利,接下来就用诉讼时效来保护保证人。

(3) 保证期间的长短:保证期间系由当事人约定,故保证期间的长短属于当事人意思自治的范畴。但是保证期间的长短也是有限制的,如果约定的保证期间早于主债务履行期限或者与主债务履行期限同时届满的,则视为没有约定。此外,保证期间的表述应当清晰明确,比如约定为主合同履行期届满之日起两年。要避免模糊不清的约定,例如约定为"保证人承担保证责任直至主债务本息还清时为止"等内容,这样的约定视为约定不明。

如果发生当事人在保证合同中没有约定保证期间或者约定不明的情况,法律则将保证期间推定为主债务履行期限届满之日起六个月[1]。

(4) 保证期间的起算:保证期间系由债权人和保证人双方约定,保证期间的起算亦按照当事人的约定。在担保实务中,大多将起算点约定为主债务履行期届满之日。只有等到主债务履行期届满,才会得知主债务是否偿还,主债权是否受到损害,保证人才可能承担保证责任。如果主债权债务关系中对主债务的履行期限没有约定或者约定不明的,根据法律规定,债权人可以随时要求履行,但应当给对方必要的准备时间。所以,此时保证期间的起算点

---

[1] 参见《民法典》第 692 条第 2 款:债权人与保证人可以约定保证期间,但是约定的保证期间早于主债务履行期限或者与主债务履行期限同时届满的,则视为没有约定;没有约定或者约定不明确的,保证期间为主债务履行期限届满之日起六个月。

是债权人给债务人准备期间届满的次日①。

（5）保证责任的履行形式。保证责任的履行形式是保证人以何种形式向债权人承担保证责任，其主要形式是代为履行债务，即保证人在保证范围内代替债务人向债权人清偿其未受清偿的债权；赔偿债权人损失也是保证责任的形式之一，即当债务人不履行债务时，保证人向债权人赔偿因此给债权人造成的损失。赔偿损失主要适用于非金钱给付的债权债务中，具有人身专属性的债务只能由债务人履行，无法被其他人替代履行，保证人只能以赔偿损失的形式承担保证责任。

2.2.2.3　保证合同的形式

保证合同应当采用书面形式，书面形式可以是单独订立的保证合同，也可以是主合同中的保证条款。在担保实务中，也存在由保证人单方面向债权人出具担保承诺函的形式。在这种情况下，若债权人接受且未提出异议，那么承诺函载明的保证的意思表示则成立，对双方具有约束力②。还有一种情况是没有订立保证合同，主合同也没有保证条款，但保证人在主合同上以保证人的身份签字或盖章的。在此种情形下，保证人以保证人的身份签字或盖章，表明了他愿意担任主债权的保证人，债权人对此亦无异议，应认定保证合同成立。

2.2.3　保证的效力

保证的效力，是指保证关系对当事人所产生的法律拘束力，主要体现为保证在债权人与保证人之间的效力和保证在保证人与债务人之间的效力两方面。其内容具体包括保证人履行保证义务，保证人对债权人享有抗辩权，以及保证人对债务人享有追偿权。

2.2.3.1　保证人的义务

保证合同生效后，保证人的首要义务就是按照保证合同的约定承担保证

① 参见《民法典》第 692 条第 3 款；债权人与债务人对主债务履行期限没有约定或者约定不明确的，保证期间自债权人要求债务人履行债务的宽限期届满之日起计算。

② 参见《民法典》第 685 条第 2 款；第三人单方以书面形式向债权人作出保证，债权人接收且未提出异议的，保证合同成立。

责任。如果主债务人在履行期届满时向债权人完全清偿债务,则保证人的保证义务消灭;如果主债务人在履行期届满时未向债权人完全清偿债务,则保证人应按约定履行保证义务。在一般保证中,在债权人经过仲裁或诉讼后强制执行仍未受完全清偿的,保证人开始履行保证义务;在连带责任保证中,只要在履行期限届满主债权没有完全实现,保证人就开始履行保证义务。

2.2.3.2 保证人的权利

保证人按照保证合同的约定,在向债权人履行保证义务的同时,也享有一定的权利,主要体现为对债权人的抗辩权以及对债务人的追偿权。

(1)对债权人的抗辩权。抗辩权是指债权人行使债权时,债务人根据法定事由,对抗债权人行使请求权的权利。在保证关系中,保证人对于债权人来说是债务人,其与其他普通债务中的债务人一样享有抗辩权,例如,保证合同无效,保证合同被撤销,保证责任已经消灭,保证债务超过了保证期间、超过了诉讼时效等抗辩权。同时,基于保证具有从属性,债权债务合同中债务人享有的抗辩权,自然延伸到保证人身上,即保证人享有主债务人对主债权人享有的抗辩权①。在主债权债务关系中,债务人享有的抗辩权包括主合同无效抗辩权、主合同被撤销抗辩权、先履行抗辩权、同时履行抗辩权、不安抗辩权等。尽管这些抗辩权来源于主债务人,但保证人一旦享有就独立于主债务人,由保证人行使。保证人有权以自己的名义行使前述抗辩权,且不受主债务人行为的影响,即使主债务人放弃了抗辩权,保证人的抗辩权也并不随之消灭,仍然存在。

(2)对债务人的追偿权。在保证关系中,保证人对债权人负有义务而不享有权利。为保障保证人的权益,法律赋予保证人对债务人的追偿权。

《民法典》第 700 条规定:"保证人承担保证责任后,除当事人另有约定外,有权在其承担保证责任的范围内向债务人追偿,享有债权人对债务人的权利,但是不得损害债权人的利益。"保证人的追偿权的成立须满足三个条件。第一,保证人无过错地向债权人承担了保证责任。保证人对有过错的部分不

---

① 参见《民法典》第 701 条:保证人可以主张债务人对债权人的抗辩。债务人放弃抗辩的,保证人仍有权向债权人主张抗辩。

享有追偿权,如保证人自行履行保证责任时,其实际清偿额大于主债权范围的,保证人只能在主债权范围内对债务人行使追偿权。第二,主债务人的债务消灭。也就是说,不管保证人向债权人采取何种形式承担保证责任,一定要使主债务人的债务消灭,即主债务人无须再向债权人履行义务。否则,没有免除主债务人的责任(免责可以是全部免责,也可以是部分免责),则保证人也无权向主债务人追偿。第三,保证人的责任承担与主债务人的债务消灭之间有因果关系,必须是保证人的责任承担使主债务人的债务消灭,这样才能追偿。

在融资担保业务中,保证人对债务人追偿的范围依据当事人的意思自治,由当事人进行约定,通常由保证人和债务人在《委托担保合同》中约定;如果没有就追偿范围作出约定,则保证人有权主张代为清偿的本金、相关的利息损失,以及承担保证责任所需费用和承担保证责任中非归因于自己的事由受到的损害。

2.2.3.3　主合同的变更与保证责任

保证合同生效后,主合同可能会发生订立合同时未预料到的变化而进行变更。主合同的变更会对保证人的保证责任产生影响。

(1)主债权转让对保证责任的影响:主债权与保证权是主从关系,主债权转让,保证权也随之转让,债权转让后,保证人仍继续承担原来的保证责任。若债权人和保证人对主债权的转让没有特别约定的话,主债权转让无须经过保证人的同意,但需要通知保证人,未通知保证人的,该转让对保证人不发生效力;若债权人和保证人对主债权的转让有特别约定的,则应受到该意思自治的约束,例如,保证人和债权人约定禁止债权转让,债权人未经保证人书面同意转让的,保证人对受让人不再承担保证责任。

(2)主债务内容变更对保证责任的影响:债权人和债务人未经保证人书面同意,协商变更主债权债务合同内容、减轻债务的,保证人仍对变更后的债务承担保证责任;加重债务的,保证人对加重的部分不承担保证责任。债权人和债务人变更主债权债务合同的履行期限,未经保证人书面同意的,保证期间不受影响。

（3）主债权债务概括转移对保证责任的影响：债权债务概括转移是指把全部或某一特定的债权、债务全部移转给受让人，而不仅仅是权利或义务的移转。债权债务概括移转可为全部债权债务的移转，也可为部分债权债务的移转。债权债务概括转移实际包括了债权让与和债务承担两个行为，但又不是这两个行为的简单叠加。根据《民法典》的规定，债权债务概括转移又包括约定概括转移①和法定概括转移两种，这两种情形对保证人的影响不同。

约定的债权债务概括转移可以发生在主债权人身上，也可以发生在主债务人身上（主债权人和主债务人是针对保证的主合同的双方当事人）。如果主债权人将自己的债权债务概括转移给他人，由于主债权人的债务并不是保证人保证的债务，对保证人来说，实质是债权转让（主债权人变更）。所以，如果保证合同没有特别约定，债权转让无须征得保证人的同意，转让后保证人继续承担原来的保证责任。如果主债务人将自己的债权债务概括转移给他人，债务的转移须经保证人的同意，否则，保证人对未同意的部分不再承担保证责任。

法定的债权债务概括转移主要有企业合并和企业分立。如果保证人和债权人在保证合同中就企业合并、分立情况的责任承担进行了约定，则按照约定来处理。如果没有约定的，对于企业合并情况：作为债权人的企业与其他企业合并的，合并行为无须经过保证人的同意，保证人仍然承担原来的保证责任；作为债务人的企业与其他企业合并的，不论是新设合并还是吸收合并，都会使原债务人的财产发生变化。如果财产增加，有利于保证人，无须征得保证人的同意；如果财产减少，则不利于保证人，应当征得保证人的同意。对于企业分立情况：作为债权人的企业分立的，无须征得保证人的同意，在通知保证人的前提下，保证人仍然承担原来的保证责任；作为债务人的企业分立的，由于分立后的数个企业对之前的债务承担连带责任，保证人向债权人承担保证责任后，可以向分立后的每个企业都主张追偿权。所以，债务人分立并不会给保证人造成不利影响，无须征得保证人的同意，保证人仍承担原来的保证责任。

---

① 参见《民法典》第555条：当事人一方经对方同意，可以将自己在合同中的权利和义务一并转让给第三人。

2.2.4 保证的消灭

保证的消灭即保证责任的消灭、保证债务的消灭。当保证人与债权人之间的保证权利义务不再存在时，保证责任消灭，保证人无须再向债权人履行保证义务，债权人不能再向保证人主张代为清偿或者损害赔偿。

2.2.4.1 保证消灭的原因

保证债务作为债务的一种，债的消灭原因也会导致保证的消灭；主债权债务因为履行、抵销、混同、免除等原因消灭的，保证也随之消灭。保证作为一种特殊的债务，出现以下情况的，保证责任消灭：

（1）保证期间届满而债权人未向保证人主张权利。保证期间是对债权人保证权的一个限制，债权人必须在此期间向保证人主张权利；如果保证期间届满，债权人仍未采取一定的措施向保证人主张权利，保证人的保证责任即归于消灭。

（2）主债务转移未经保证人书面同意。主债务发生转移，对于未经保证人同意转移的那部分债务，保证人的保证责任消灭。

（3）债权人放弃债务人提供的物保。对于既有第三人提供的保证又有债务人自身提供的物保的债权，如果债权人放弃债务人提供的物保，在其放弃的范围内，保证人的保证责任消灭。

（4）新贷还旧贷，已归还的旧贷的保证责任消灭。新贷还旧贷，即借新还旧，是指债权人与债务人在旧的贷款尚未清偿的情况下，向银行申请新的贷款用以偿还部分或全部旧的贷款。在新贷和旧贷是同一个保证人的情况下，由于新贷偿还了旧贷，原来的贷款合同履行完毕，消灭了保证人对前一贷款的保证责任，保证人继续承担后一贷款的保证责任[①]。

---

① 参见最高人民法院《关于适用〈中华人民共和国民法典〉有关担保制度的解释》第 16 条第 1 款：主合同当事人协议以新贷偿还旧贷，债权人请求新贷的担保人承担担保责任的，新贷与旧贷的担保人相同，人民法院应予支持。

2.2.5 共同保证

2.2.5.1 共同保证的含义及成立条件

共同保证是数人就同一债务人的同一债务共同提供担保的保证。共同保证成立的条件是：

（1）保证人为两人或两人以上，保证人可以是自然人、法人或其他组织；数个保证人可以与债权人共同订立保证合同，也可以分别订立保证合同，各保证人之间有无共同提供保证的意思联系，甚至是否知晓另有其他保证人，均不影响共同保证的成立；同时，两个保证人提供的保证均为有效担保，如果两个保证人所提供的保证一个有效，一个无效，则不能成立共同保证。

（2）两个以上的保证人所担保的债务须为同一债务。可以是同一债务的全部或部分，是相同部分还是不同部分，均不影响共同保证的成立。一个保证人为同一债务人的数个债务分别提供保证以及对数个债务人的同一债务提供保证，或者多个保证人分别对一个或数个债务人的不同债务提供保证的，均不符合共同保证的特征。

2.2.5.2 共同保证的分类

在共同保证中，同一债务的保证人为两人以上，因此存在各保证人与债权人、债务人之间的关系，也存在数个保证人之间的关系。

（1）按份保证。共同保证的共同保证人与债权人之间约定保证份额，按份承担保证责任的，应按约定的份额承担保证债务，即每个保证人仅就其约定的份额向债权人承担保证责任。

（2）连带保证。共同保证人与债权人未约定保证份额或者约定不明确，且法律没有另外规定的，则各保证人负连带责任保证[①]。债权人对于共同承担连带责任保证的保证人中的一人或数人有履行保证债务的请求权，各保证人均有在其保证范围内履行保证债务的义务。在保证债务未全部清偿前，各

[①] 参见《民法典》第 699 条：同一债务有两个以上保证人的，保证人应当按照保证合同约定的保证份额，承担保证责任；没有约定保证份额的，债权人可以请求任何一个保证人在其保证范围内承担保证责任。

保证人的保证责任都不能免除。

2.2.5.3　共同保证人的追偿

按份保证人在承担保证责任后,有权就其清偿的债务份额向主债务人追偿。

连带保证的各保证人虽向债权人负连带保证责任,但在保证人内部之间仍依一定的份额承担保证责任。连带共同保证人之间可以约定保证的份额,如果没有约定或者约定不明确的,视为各保证人平均分担保证责任①。所以,连带保证人向债权人承担保证责任后,可以向主债务人追偿。那么,是否可以要求其他保证人清偿其应当承担的份额呢?

《民法典》第 700 条删除了原《担保法》第 12 条关于共同保证人相互之间可以追偿的规定。根据该规定,除当事人另有约定外,担保人之间不能相互追偿,清偿了全部债务的连带责任保证人,只能向债务人追偿,而不能向其他共同保证人追偿。但是,担保人之间有权基于私法自治的原则,约定相互的追偿权(确认担保人之间存在连带债务关系),已经承担责任的保证人可依据其与其他担保人之间的约定进行追偿。另外,即使担保人之间没有明确约定可以相互追偿且未约定承担连带共同担保,但是各担保人在同一份合同书上签字、盖章或者按指印,构成连带共同担保,有权向其他担保人请求分担其应当承担的份额②。

前述的共同保证人的追偿规则,同样适用于混合共同担保的其他物上担保人。

2.2.5.4　共同保证的保证期间

在同一债务上有数个担保的情况下,担保人之间既可能存在连带债务关系(相互之间有追偿权),也可能不发生连带债务关系(相互之间没有追偿权)。

---

① 参见《民法典》第 519 条第 1 款:连带债务人之间的份额难以确定的,视为份额相同。
② 参见《民法典》第 519 条第 2 款:实际承担债务超过自己份额的连带债务人,有权就超出部分在其他连带债务人未履行的份额范围内向其追偿,并相应地享有债权人的权利,但是不得损害债权人的利益。其他连带债务人对债权人的抗辩,可以向该债务人主张。第 3 款:被追偿的连带债务人不能履行其应分担份额的,其他连带债务人应当在相应范围内按比例分担。

在各保证人之间不存在连带债务关系的情形下,债权人对部分保证人行使权利的行为,其效力自然不及于其他担保人。如甲对乙享有 200 万元的债权,A、B 为保证人,保证期间分别为主债权履行期限届满后 6 个月、1 年。在保证人之间未形成连带债务关系的情况下,甲应在 6 个月内向 A 主张权利,在 1 年内向 B 主张权利。如果甲在 6 个月内向 A 主张了权利,但未向 B 主张权利,主债权履行期限满 1 年后,甲以其曾经向 A 主张权利为由,主张其也已经依法向 B 行使权利的,则法院不予认可①。

在各保证人之间形成连带债务关系的情形下,债权人对部分保证人依法行使权利的行为,其效力亦不及于其他保证人。但是债权人未在保证期间内依法向部分保证人行使权利,导致其他保证人在承担保证责任后丧失追偿权,其他保证人有权主张在其不能追偿的范围内免除保证责任。

2.2.6 最高额保证

最高额保证是保证的一种特殊形式,是现实经济活动中,特别是银行融资业务中一种较为常用的担保方式。

2.2.6.1 最高额保证的含义

最高额保证是指在最高债权额限度内对一定期间连续发生的债权提供的保证。最高额保证通常适用于债权人与债务人之间具有经常性的、同类性质业务往来,多次订立合同而产生的债务,如经常性的借款合同或者某项商品交易合同关系等。对一段时期内订立的若干合同,以订立一份最高额保证合同为其担保,可以减少每一份主合同订立一个保证合同所带来的不便,同时仍能起到债务担保的作用。

2.2.6.2 最高额保证的特点

首先,最高额保证所担保的债权为一定期间内连续发生的债权,债权在保证设立时可能已经发生,也可能没有发生,最高额保证的生效与被保证的

---

① 参见《最高人民法院关于适用〈中华人民共和国民法典〉有关担保制度的解释》第 29 条第 1 款:同一债务有两个以上保证人,债权人以其已经在保证期间内依法向部分保证人行使权利为由,主张已经在保证期间内向其他保证人行使权利的,人民法院不予支持。

债权是否实际发生无关。

其次,最高额保证须约定由保证人承担保证责任的最高限额。

最后,最高额保证所担保的不是多笔债务的简单累加,而是债务整体,各笔债务的清偿期仅对债务人有意义,并不影响保证人承担保证责任。

2.2.6.3 最高额保证的保证期间

最高额保证的期间与单个形式保证的期间是不同的。单个形式的保证期间即保证责任期间,是根据当事人约定或者法律规定,债权人应当向债务人或保证人主张权利的期间。该保证在设定时,因其担保的债权已经特定,债权额已经确定,主债务履行期届满,债权人没有在约定或者法律规定的保证期间内向保证人主张权利的,保证人的保证责任即消灭,因此,单个形式的保证期间具有免除保证人保证责任的效果。

而最高额保证所担保的是“在一定期间内连续发生的”债权,最高额保证在设定时,其担保的债权尚未发生或虽已发生却仍处于变动的不特定状态之中,债权额是不确定的,只有一定期间届满,决算期届至,债权额才能确定,保证人的保证责任才能产生。因此,在最高额保证合同中,保证期间虽然从性质上讲也是保证人承担保证责任的责任期间,但其存在两个期间:①保证人应对一系列债权承担责任的范围期间;②在不特定债权额确定之后,债权人向保证人主张权利的期间。因此,从严格意义上讲,最高额保证的期间应区别为最高额保证的存续期间和最高额保证的责任期间。

《有关担保制度的解释》规定,最高额保证合同对保证期间的计算方式、起算时间等有约定的,按照约定;没有约定或者约定不明,被担保债权的履行期限均已届满的,保证期间自债权确定之日起计算;被担保债权的履行期限尚未届满的,保证期间自最后到期债权的履行期限届满之日起开始计算。

2.2.6.4 债权确定之日

当事人在保证合同中明确约定了最高额保证的存续期间(决算期),存续期间的终点(决算日)即为债权确定之日;没有约定债权存续期间或者约定不明确的,最高额保证设立之日起满 2 年为债权确定之日;债务人、保证人被宣告破产或者解散之日为债权确定之日。在最高额保证的存续期间内,债权人与保证人协议终止保证合同,保证合同终止之日亦为债权确定之日。

前述最高额保证的内容同样适用于最高额抵押、质押。

2.3 抵押

抵押是债务人或第三人用自己可处分的物,以不转移占有的方式对特定债权提供担保,当履行期限届满主债权未获完全清偿时,抵押权人可以就抵押物变价所得价款优先受偿。抵押权是担保物权的一种,以保障特定债权的完全实现为目的,以优先受偿为主要内容。提供担保的债务人或第三人为抵押人,接受抵押的债权人为抵押权人,担保物为抵押物。抵押权的设立并不需要转移抵押物的占有,抵押人在设定抵押之后仍然可以继续占有、使用抵押物,充分发挥抵押物的使用价值。

2.3.1 抵押权的设立

抵押权的设立是指双方当事人通过订立抵押合同而取得抵押权,包括订立抵押合同和抵押权公示两个阶段。抵押合同由债权人和抵押人订立,抵押人可以是债务人,也可以是第三人。抵押合同应采用书面形式。抵押合同一般包括下列条款:被担保债权的种类和数额;债务人履行债务的期限;抵押财产的名称、数量、质量、状况、所在地、所有权归属或者使用权归属;担保的范围。

2.3.1.1 抵押物

并非所有的物都能用来设定担保。前文阐述过,可以设定担保的物需符合特定化、具有价值、具有流通性三点。抵押物也要具备这三个条件,且抵押物不能是消耗物,因为抵押物为消耗物的话,抵押物的价值会日益减少,会导致抵押权人的利益受损。

1) 我国法律允许设定抵押的财产

(1) 不动产。这是指依自然性质或法律规定不可移动的物,主要指建筑物和其他土地附着物。房屋是建筑物中最主要的种类,也是融资担保业务中应用最多的抵押物。土地上面的农作物可以与土地使用权分离,单独用来抵押。

(2)动产。这是指能够移动而不损害其经济用途和经济价值的物,主要有生产设备、原材料、产品、交通运输工具、船舶、航空器;除此之外,家具、家用电器等日常生活中的动产也可以用于抵押。

(3)权利。在我国,可以用来抵押的权利主要是建设用地使用权、以其他方式承包的土地经营权、乡镇企业的建设用地使用权。建设用地使用权是指通过出让方式取得的建设用地使用权;如果是通过划拨方式取得的建设用地使用权,则要经过法定机关批准,须办理建设用地使用权出让手续并且缴纳土地使用金。乡镇、村企业的建设用地使用权必须和乡镇、村企业的厂房等建筑物一并抵押,不能单独抵押。

一些特许物权,比如海域使用权、采矿权、捕捞权、林木所有权等,它们也符合抵押物特定性、价值性、流通性的条件,可以用来抵押。

2)我国法律禁止设定抵押的财产

(1)土地所有权。我国土地所有权归国家或集体所有,土地所有权禁止在私人主体之间流通,所以不能用来设定抵押。

(2)耕地、宅基地、自留地、自留山等集体所有的土地使用权(法律规定可以抵押的除外)。耕地是农产品的生产用地,宅基地是农民建造私有房屋的用地,自留山、自留地是分配给农民用于解决生活需要的用地,这些土地对于农业、农村、农民来说具有不可或缺的意义,所以法律禁止用这些土地使用权进行抵押,除非法律另有规定。

(3)学校、幼儿园、医院等以公益目的成立的非营利法人的教育设施、医疗卫生设施和其他公益设施。为了保障社会公益事业,法律禁止用教育设施、医疗卫生设施和其他社会公益设施设立抵押。当然,公益性的事业单位、社会团体为了自己的债务而设定担保是允许的,但担保物的范围限于社会公益设施以外的财产。

(4)所有权、使用权不明或者有争议的财产。将所有权或使用权尚不明确,甚至存在纠纷的财产设定抵押,会侵犯所有人或使用人的合法权利,引起争议,所以融资担保实务中不允许将这类财产设定抵押。

（5）依法被查封、扣押、监管的财产。抵押人设定抵押权，必须对财产享有处分权。在财产被查封、扣押、监管时，其处分权受到限制，无法用来抵押。但是如果抵押权设定后抵押物被依法查封、扣押、监管的，依法设定在先的抵押权并不受查封、扣押、监管的影响。

3）特殊的抵押物

（1）房地产。房地产是房屋及其土地使用权的合称。由于房、地的不可分割性，我国法律坚持"房屋所有权主体与土地使用权主体相一致"原则，也就是"房随地走，地随房走"原则。所以，以房屋设定抵押的，其占用范围内的土地使用权一并抵押；未一并抵押的，未抵押的财产视为一并抵押。

（2）正在建造物。抵押物一般是现实存在的物。出于融资的需要，允许用将来的某类物进行抵押，我国法律允许正在建造的建筑物、船舶、航空器进行抵押。正在建造的建筑物有预售商品房和在建工程，可以设定预售商品房贷款抵押和在建工程贷款抵押。船舶、航空器的建造周期长，资金需求量大，允许以正在建造的船舶、航空器抵押融资，以满足船舶、航空器建造的资金需求。

（3）共有物。抵押人与他人的共有物可以设定抵押，但要经过其他共有人的同意。根据《民法典》的规定，在共同共有中要经过全体共同共有人的同意，在按份共有中要经过占 2/3 以上的按份共有人同意①。此外，在按份共有中，按份共有人对其共有物中的应有份额享有处分权，可以对其享有的份额部分设定抵押而无须征得其他共有人的同意。在实现抵押权时，抵押权人只能出售抵押的份额，其他共有人对抵押物享有优先购买权，抵押权人有权从其变价所得款中优先受偿。

2.3.1.2 抵押权登记

抵押权属于物权，遵循物权公示原则。抵押权的设立无须转移抵押物的占有，所以抵押权的设立不采取交付的方式，以登记的方式予以公示。我国

---

① 参见《民法典》第 301 条：处分共有的不动产或者动产以及对共有的不动产或者动产作重大修缮、变更性质或者用途的，应当经占份额三分之二以上的按份共有人或者全体共同共有人同意，但是共有人之间另有约定的除外。

对抵押权的登记,采取不同的抵押物在不同的登记机构办理抵押登记的原则。以无地上定着物的土地使用权抵押的,为核发土地使用权证书的土地管理部门;以城市房地产或者乡(镇)、村企业的厂房等建筑物抵押的,为相关房地产行政管理部门;以林木抵押的,为林木管理部门;以航空器、船舶、车辆抵押的,为运输工具的登记部门;以企业的设备和其他动产抵押的,企业、个体工商户、农业生产经营者设定浮动抵押的,《民法典》实施之前为工商行政管理部门,《民法典》实施后,动产和权利担保在全国实行统一登记,改由人民银行统一承担,在"中国人民银行征信中心动产融资统一公示系统"中登记。

关于抵押权登记的效力,有的国家规定登记生效,设定抵押权必须进行抵押权登记,否则抵押权不生效,对当事人无约束力。有的国家规定登记仅具有对抗力,抵押权的设立不以登记为必要条件,设定抵押权的当事人可以选择是否进行抵押权登记,无论登记与否,抵押权都成立,对当事人具有约束力;如果不进行登记,则对外无对抗力,无法对抗善意第三人。根据我国《民法典》规定,抵押物为"建筑物和其他土地附着物""建设用地使用权""正在建造的建筑物"的,抵押权自登记时设立,不登记,抵押权不成立。以动产抵押的,如抵押物为"生产设备、原材料、半成品、产品""正在建造的船舶、航空器""交通运输工具"的,抵押权自抵押合同生效时成立;未经登记,抵押权不能对抗善意第三人。可见,我国法律对于不动产抵押权和权利抵押权的设立,规定登记生效,不登记,抵押权不成立;对于动产抵押权的设立,规定登记具有对抗力。

需要注意的是,抵押权没有登记,影响抵押权的效力,但并不影响抵押合同的效力。当事人之间订立有关设立、变更、转让和消灭不动产物权的合同,除法律另有规定或者合同另有约定外,自合同成立时生效。

2.3.1.3 抵押权顺位

一个物上可以设定两个或两个以上的抵押权,对于一个物上设定数个抵押权的,抵押权有先后顺序,这个顺序就是抵押权顺位。数个抵押权在实现时,要按照顺位进行,先顺位的抵押权实现后,后顺位的抵押权人才能就抵押物的剩余价款来实现其抵押权。《民法典》第 414 条规定:"同一财产向两个以上债权人抵押的,拍卖、变卖抵押财产所得的价款依照下列规定清偿:(一)抵押权已经登记的,按照登记的先后确定清偿顺序;(二)抵押权已登记的先于未登记的受偿;(三)抵押权未登记的,按照债权比例清偿。"也就是说,以抵押权登记时间的先后来决定抵押权顺位,最先登记的,享有第一顺位的抵押权;次之登记的,享有第二顺位的抵押权;最后登记的,享有最末顺位的抵押权。未登记的抵押权,或者不成立,或者成立但不具有对抗力,劣后于其他已登记的抵押权。

抵押权设定后,抵押权的顺位并非不可改变,如果顺位在前的抵押权消灭,顺位在后的抵押权可以递升。也就是说,第一顺位的抵押权消灭后,第二顺位的抵押权就升进为第一顺位的抵押权,以此类推。在融资担保业务中,抵押权的顺位对抵押权人是一种权益的保障,对抵押权人来说,首选第一顺位。在实务操作中,有的抵押权人不允许抵押人设定第二顺位的抵押(余额抵押),以确保抵押权的顺利实现。

抵押权顺位是抵押权人的权利,抵押权人有权处分自己的顺位,比如让与、抛弃、变更,但未经其他抵押权人书面同意的,不得对其他抵押权人产生不利影响。抵押权顺位的让与是指先顺位的抵押权人与后顺位的抵押权人协商,将自己的先顺位让与后顺位的抵押权人;抵押权顺位的抛弃是指先顺位的抵押权人为了某特定后顺位抵押权人的利益而抛弃自己的抵押权顺位;抵押权顺位的变更是指不同顺位的抵押权人经过协商后,将其抵押权顺位相互交换。

2.3.1.4　抵押权的善意取得

抵押权的善意取得是指为了担保债务的履行,无处分权人以他人的财产设立抵押权,抵押权人在接受该抵押时是善意,抵押权人因此取得抵押权。善意取得必须符合:抵押人对抵押物不享有处分权;抵押人占有抵押动产或为抵押不动产的登记权利人;抵押权人善意,对抵押人没有处分权无过失地不知情,合理信赖抵押人享有处分权;抵押权已经登记。抵押权的善意取得,对抵押物所有权人遭受的损害,所有权人有权向相关责任方主张损害赔偿。

2.3.1.5　浮动抵押

浮动抵押,又称动产浮动抵押,是企业、个体工商户、农业生产经营者以其所有的全部财产包括现有的以及将有的生产设备、原材料、半成品、产品为标的而设定的动产抵押，债务人不履行到期债务或者发生约定的实现抵押权的情形，债权人有权就抵押财产确定时的动产优先受偿。抵押财产自发生如下情形之一时确定：债务履行期限届满，债权尚未实现；抵押人被宣告破产或者解散；约定的实现抵押权的情形；严重影响债权实现的情形（如抵押人经营状况恶化或严重亏损，为逃避债务而故意低价转让或隐匿、转移财产，等等）。

浮动抵押的特征：抵押人具有特殊性，只有企业、个体工商户、农业经营者可以作为浮动抵押的抵押人；抵押财产既包括抵押人现有的财产，也包括将来取得的财产；抵押财产在浮动抵押权实现前处于变动之中，数额并不固定；抵押人在抵押期间仍然可以使用处分抵押财产，进行经营活动①，只有在浮动抵押权确定时，抵押人的全部财产才成为确定的抵押财产。

浮动抵押的设立需进行登记，抵押权自抵押合同生效时成立；未经登记，抵押权不能对抗善意第三人。

此外，在浮动抵押中，需注意"动产抵押权中间价款超级优先权"的规定②。浮动抵押的动产在抵押财产确定之前，是可以"流入"或"流出"的，如果流入的特定动产已经设定了抵押担保，担保的是抵押物的价款，且该动产在交付后 10 日内办理了抵押登记，该抵押权相对于其他担保物权享有最优先的顺位（中间价款超级优先权），即：具有超级优先权的抵押权的抵押财产，尽管也负担了浮动抵押权，享有该超级优先权的抵押权人，优先于抵押物买受人的其他担保物权，包括浮动抵押权，而最优先受偿。

2.3.2　抵押权的效力

抵押权生效后，抵押人和抵押权人均享有一定的权利，承担一定的义务。

---

① 参见《民法典》第 404 条：以动产抵押的，不得对抗正常生产经营活动中已经支付合理价款并取得抵押财产的买受人。

② 参见《民法典》第 416 条：动产抵押担保的主债权是抵押物的价款，标的物交付后十日内办理抵押登记的，该抵押权人优先于抵押物买受人的其他担保物权人受偿，但是留置权人除外。

2.3.2.1 抵押人的权利

（1）对抵押物的占有、使用、收益权,设立抵押并不需要转移抵押物的占有,抵押人仍然继续占有抵押物,可以继续使用抵押物。对于抵押物的收益,自然由作为抵押物使用人的抵押人享有。

（2）对抵押物的余值部分再设抵押权。在融资担保实务中,很多情况下抵押物的价值大于抵押权所担保的主债权的数额,为了更大程度地发挥抵押物的价值,抵押人往往会将抵押物的余值部分(超出所担保主债权的数额部分)再次设定抵押权,形成二顺位的抵押,俗称"二押",以此类推。当然抵押人能否在抵押物上设定多个顺位的抵押,还取决于先顺位的抵押权人的态度。如果先顺位的抵押权人与抵押人约定,不允许抵押人对抵押物设定后顺位的抵押,抵押人应遵守约定。此外,抵押人在先顺位的抵押权人未禁止的情况下,有权就该抵押物再设定质押权。

（3）对抵押物的转让权。这是《民法典》赋予抵押人的新的权利。《民法典》实施之前,为保证债权人实现债权的权益,禁止抵押财产的转让,除非征得抵押权人的同意。考虑到现实生活中抵押物确实有流通的需求,禁止其转让不利于经济的发展,因此,《民法典》第 406 条规定,抵押人在抵押期间,可以转让抵押财产(当事人另有约定的,按照其约定),同时应当及时通知抵押权人。抵押财产转让的,抵押权不受影响。需要说明的是,如果约定禁止或者限制转让抵押财产,应将该约定进行登记,否则抵押人违反约定转让抵押财产,且抵押财产已经交付或者登记的,转让发生物权效力,除非抵押权人有证据证明受让人知道该禁止或者限制转让抵押财产的约定。

（4）对抵押物的出租权。抵押权设定后,抵押人有权将抵押物出租。此外,法律对于已经对外租赁的财产后抵押的情况也作出了规定,设定在先的租赁权不受设定在后的抵押权的影响,即抵押权实现导致抵押物所有权人发生变化的,买卖不破租赁,该抵押物上的租赁权继续有效[①]。值得注意的是,《民法典》对此也有限制性的规定,就是抵押财产在设定抵押之前已经出租,

---

[①] 参见《民法典》第 405 条:抵押权设立前,抵押财产已经出租并转移占有的,原租赁关系不受该抵押权的影响。

同时须实际转移占有,这样就避免了通过设立假的租赁关系妨碍抵押权实现的情况。

(5) 追偿权。如果抵押人是第三人,当抵押权实现后,抵押人有权向债务人进行追偿。

2.3.2.2　抵押权人的权利

(1) 抵押权的次序权。即先顺位的抵押权人较后顺位的抵押权人享有的对抵押物变价所得价款优先受偿的权利。

(2) 抵押权保全权。由于抵押物不被抵押权人占有,当抵押人的不当行为导致抵押物价值减少、抵押权人的利益受到损害时,抵押权人有防止抵押物价值减少、请求恢复抵押物价值或增加担保的权利,请求提前清偿债务的权利。

(3) 抵押权处分权。包括抵押权的转让、抵押权设定担保、抵押权的抛弃。抵押权的转让,须与主债权一并转让,但法律另有规定或者当事人另有约定的除外。转让主债权和抵押权时,抵押权人应当通知债务人和抵押人。

抵押权设定担保,须将主债权和抵押权一起设定担保,不能仅仅用抵押权来设定。由于主债权是主权利,抵押权是从权利,新设的担保实质上是债权质权。

抵押权的抛弃,包括相对抛弃和绝对抛弃。相对抛弃是抵押权人并不丧失抵押权,仅就自己可优先受偿价款与某特定债权人按照债权比例受偿,其他人的利益并不受影响。绝对抛弃就是解除抵押关系,抵押权归于消灭,并办理抵押权注销登记。此时,抵押权人丧失抵押权,变成无担保的普通债权人。

(4) 抵押权实现权。当抵押权实现的条件成就时,抵押权人享有实现抵押权来满足自己债权的权利。

2.3.3　抵押权的实现

抵押权的实现意味着抵押权担保功能的最终落实,是抵押权人最重要的一项权利。

2.3.3.1 抵押权实现的含义

抵押权的实现,又称为抵押权的行使,是指当抵押权实现条件成就时,抵押权人从抵押物变价所得价款中优先受偿,从而满足自己的主债权。抵押权的实现首先要将抵押物变现,其次是从抵押物变价所得价款中优先受偿。

2.3.3.2 抵押权实现的条件

抵押权实现的条件应满足:存在有效的抵押权;履行期限届满主债权未获完全清偿,或发生当事人约定的实现抵押权的情形(如果当事人事先就实现抵押权约定条件,比如改变贷款用途则实现抵押权,当该条件成就时,不管主债权是否到期,抵押权人都可以实现抵押权);抵押人无抗辩权;在法定期限内行使,即主债权诉讼时效期间内行使,超过这个期间行使抵押权的,不受法律保护。

2.3.3.3 抵押权实现的途径

抵押权实现条件成就时,抵押权人与抵押人没有争议,双方就以抵押财产折价或者以拍卖、变卖该抵押财产所得的价款优先受偿达成协议的,可以按照协议的约定实现抵押权。当事双方协商不成的,可以通过司法途径,申请实现抵押权。

2.3.3.4 抵押权实现的方法

(1)拍卖:拍卖是指以公开竞价的形式将特定物品或者财产权利转让给最高应价者,它是一种特殊的买卖方式。

(2)变卖:变卖是指以拍卖、折价之外的方式出售抵押物,比如当事人或人民法院裁判直接将抵押物以合适的价格出卖给买受人,用变价所得价款清偿主债权。变卖的方式须由债务人或债权人申请,原则上适用于动产、有价证券和一些特殊的财产,变卖的价格必须合理。

(3)折价:折价又称以物抵债,是指在抵押权实现时,抵押人和抵押权人协议将抵押物出售给抵押权人,以买卖的价款充抵主债权,使抵押权人的主债权得以实现。抵押物的买卖价格由抵押人和抵押权人协商决定,但应当参照市场价格。若协议折价损害其他债权人利益的,其他债权人可以在知道或者应当知道撤销事由之日起一年内请求人民法院撤销该协议。

折价与流质契约不同。流质契约是指在抵押权设定时,抵押人和抵押权人约定,当债务人不履行债务时,由抵押权人(债权人)取得担保物所有权的合同。可见,折价发生在抵押权实现阶段,流质契约发生在抵押权设定时;折价要参照市场价格进行估价并结算,抵押物价值高于债权数额的,超过部分返还给抵押人,而流质契约则无须估价,直接由抵押权人取得抵押物的所有权。值得说明的是,《民法典》对流质契约持否定态度,即当事人即使约定了流质契约,也只能依法就抵押财产优先受偿。

2.3.4 最高额抵押

最高额抵押是随着商品经济发展而产生的一项重要的抵押担保制度,其与一般抵押相比具有一定的优越性。例如,甲向乙连续多次借款,如果采用一般财产抵押的办法,那么每次借款都要设定一个抵押担保,签订一次抵押合同,就要进行一次抵押登记,手续十分烦琐。而在借款之前设定一个最高额抵押,无论将来发生几次借款,只要签订一个抵押合同、做一次抵押登记就可以了,这样做既省时、省力、省钱,又可以加速资金的融通,促进经济发展。

2.3.4.1 最高额抵押的含义

最高额抵押是指为担保债务的履行,债务人或者第三人对一定期间内将要连续发生的债权提供担保财产,债务人不履行到期债务或者发生当事人约定的实现抵押权的情形,抵押权人有权在最高债权额限度内就该担保财产优先受偿。

2.3.4.2 最高额抵押的特点

(1)最高额抵押是限额抵押。设定抵押时,抵押人与抵押权人协议约定抵押财产担保的最高债权限额,无论将来实际发生的债权如何增减变动,抵押权人只能在最高债权额范围内对抵押财产享有优先受偿权。实际发生的债权超过最高限额的,以抵押权设定时约定的最高债权额为限优先受偿;不及最高限额的,以实际发生的债权额为限优先受偿。

(2)最高额抵押是为将来发生的债权提供担保。最高额抵押权设定时,不以主债权的存在为前提,是典型的担保将来债权的抵押权。这里的"将来债权",是指设定抵押时尚未发生、在抵押期间将要发生的债权。当然,最高额抵押权设立前已经存在的债权,经当事人同意,可以转入最高额抵押担保的债权范围。

(3)最高额抵押所担保的最高债权额是确定的,但实际发生额不确定。设定最高额抵押权时,债权尚未发生,为担保将来债权的履行,抵押人和抵押权人协议确定担保的最高数额,在此额度内对债权担保。

(4)最高额抵押是对一定期间内连续发生的债权做担保。这里讲的一定期间,不仅指债权发生的期间,更是指抵押权担保的期间,如对 2021 年 1 月 1 日—12 月 31 日发生的债权提供担保。连续发生的债权,是指所发生的债权次数不确定,且接连发生。

2.3.4.3 最高额抵押权担保债权的确定

最高额抵押权担保债权确定的情形有:约定的债权确定期间届满;没有约定债权确定期间或者约定不明确,抵押权或者抵押人自最高额抵押权设立之日起满二年后请求确定债权;新的债权不可能发生;抵押财产被查封、扣押;债务人、抵押人被宣告破产或者解散[①]。

只有在确定时已经发生的主债权属于最高额抵押权担保的范围,确定之后发生的债权不属于担保的范围。最高额抵押权担保的债权一经确定,该抵押权所担保的不特定债权变为特定债权,此时,最高额抵押权的从属性与普通抵押权相同。

2.4 质押

质押包括动产质押和权利质押,是指债务人或第三人用自己可处分的物,以转移占有的方式对特定债权提供担保,当履行期限届满主债权未获完

[①] 参见《民法典》第 423 条:有下列情形之一的,抵押权人的债权确定:(一)约定的债权确定期间届满;(二)没有约定债权确定期间或者约定不明确,抵押权人或者抵押人自最高额抵押权设立之日起满二年后请求确定债权;(三)新的债权不可能发生;(四)抵押权人知道或者应当知道抵押财产被查封、扣押;(五)债务人、抵押人被宣告破产或者解散;(六)法律规定债权确定的其他情形。

全清偿时，质押权人可以就质押物变价所得价款优先受偿。质押权是担保物权的一种，以保障特定债权的完全实现为目的，以优先受偿为主要内容。提供担保的债务人或第三人为出质人，接受质押的债权人为质权人，担保物为质押物。质押权与抵押权的主要区别在于质押需转移质押物的占有，而抵押无须转移抵押物的占有，抵押人在设定抵押之后仍然可以继续占有、使用抵押物。

质权人和出质人可以协议设立最高额质押，最高额抵押的相关规则同样适用于最高额质押。

2.4.1　质押权的设立

2.4.1.1　质押权设立的含义

质押权，又称为质权，质押权的设立是指双方当事人通过订立质押合同而取得质押权，包括订立质押合同和交付质押物或权利质押公示两个阶段。质押合同由债权人和质押人（出质人）订立，质押人可以是债务人，也可以是第三人。质押合同应采用书面形式。根据《民法典》的规定，质权合同一般包括下列条款：被担保债权的种类和数额；债务人履行债务的期限；质押财产的名称、数量等情况；担保的范围；质押财产交付的时间、方式。

2.4.1.2　质押物

与抵押物一样，质押物须具备特定化、价值性、流通性三个条件。与抵押物不同的是，设定质押后质押人和质押权人均无法使用质押物。

质押包括动产质押和权利质押，质押物包括动产和权利。前文已经介绍了动产的概念，即能够移动而不损害其经济用途和经济价值的物。对于动产质押物，只要法律、行政法规未禁止转让的动产，均可以用来设定质押。

对于权利质押，根据《民法典》的规定，可以设定质押的权利包括：汇票、本票、支票；债券、存款单；仓单、提单；可以转让的基金份额、股权；可以转让的注册商标专用权、专利权、著作权等知识产权中的财产权；现有的以及将有的应收账款；法律、行政法规规定可以出质的其他财产权利。概括起来主要有：有价证券债权（包括票据、债券、仓单等权利）、公司股权及基金份额、知识产权、应收账款债权以及特殊质押物。

(1)有价证券是指债券持有人对义务人享有票面记载的权利并且可以转让的书面凭证。有价证券本身不是权利,而是债权的凭证或载体,权利人持有这些证券便有权向义务人主张证券上记载的权利。可以用来设定质押的有价证券有汇票、本票、支票、债券、存款单、仓单、提单,出质人用来设定质押的是这些债权。

(2)公司股权是指股东向公司出资后,依照法律或公司章程规定享有的各种权利,包括财产性权利,如分红权、剩余财产分配权,也包括非财产性权利,如选举权等,其中,财产性权利可以用来设定质押。基金份额是基金管理人向不特定的投资者发行的,表示持有人对基金享有资产所有权、收益分配权和其他相关权利,并承担相应义务的凭证,它类似于公司中的股份,既有财产权,也有非财产权,其中,可转让的财产权可以用来设定质押。

(3)知识产权包括注册商标权、专利权、著作权等。知识产权具有人身属性和财产属性双重性质,其中,财产权可以用来设定质押。

(4)应收账款是指权利人因提供一定的货物、服务或设施而获得的要求义务人付款的权利,包括现有的和未来的金钱债权及其产生的收益(不包括因票据或其他有价证券而产生的付款请求权),例如销售产生的债权,出租产生的债权,提供服务而产生的债权,路、桥梁、隧道、渡口等不动产收费权,提供贷款产生的债权。应收账款是一种债权,可以用来设定质押。

以下是几种特殊的质押物:

(1)准不动产。这主要是指船舶、航空器、机动车等,这类动产具有极大的经济价值,为了不妨碍这类动产所有人的使用权和收益权,往往会对这类财产设定抵押,而非质押。但是如果当事人愿意对这类财产设定质押,应认定为有效。

(2)特定化后的货币。货币是种类物,不能作为质押物。但是特定化后的货币可以作为动产质押物。《担保法司法解释》第 85 条规定:"债务人或者第三人将其金钱以特户、封金、保证金等形式特定化后,移交债权人占有作为债权的担保,债务人不履行债务时,债权人可以以该金钱优先受偿。"《有关担保制度的解释》第 70 条规定:"债务人或者第三人为担保债务的履行,设立专门的保证金账户并由债权人实际控制,或者将其资金存入债权人设立的保证金账户,债权人主张就账户内的款项优先受偿的,人民法院应予支持。当事人以保证金账户内的款项浮动为由,主张实际控制该账户的债权人对账户内的款项不享有优先受偿权的,人民法院不予支持。”

（3）已抵押动产。已经设定抵押的动产,抵押人仍然享有所有权,在不损害抵押权人利益的前提下,抵押人可以处分该动产,其中包括设定质押。

2.4.1.3　动产质押物的交付

对于动产质押,我国《民法典》规定,质权自出质人交付质押财产时设立。质押物的交付是指出质人将其对质押物的占有转移给质权人,从而使质权人取得对质押物的占有。动产质押物的交付是动产质押权的公示方法。当事人如果没有特别约定,质押合同的生效时间为质押合同成立之时,但质押合同的生效不等于质押权的生效,质押权在出质人将质押物交付给质权人后才生效。所以,在融资担保实务中,以动产设定质押的,需注意质押物的实际交付,否则质权不生效。

2.4.1.4　权利质押的公示

动产质押以交付质押物为公示方式。权利质押与动产质押不同,其公示方式大多是登记,而不是交付。

（1）有价证券质押的公示:有价证券是债权的凭证或载体,它不是动产,其权利人无法进行占有,但可以通过交付债权凭证或者进行权利登记等方式进行公示。《民法典》规定,以汇票、本票、支票、债券、存款单、仓单、提单出质的,质权自权利凭证交付质权人时设立;没有权利凭证的,质权自办理出质登记时设立。具体来讲,对于票据,以汇票、本票、支票出质,出质人与质权人应当背书记载“质押”字样。对于债券,记名公司债券设定质押应当背书,并且记载于公司债券存根簿;无记名公司债券设定质押交付债券即可;对于电子版公司债券,应当办理质押登记。对于仓单、提单,用仓单、提单设定质押,应当由出质人在仓单、提单上背书并经保管人签字或者盖章后交付质权人,质权自仓单、提单交付时生效。

（2）基金份额、股权质押的公示:基金份额、股权质押须登记生效。《民法典》规定："以基金份额、股权出质的,质权自办理出质登记时设立。"上市公司的股权、公开发行股份公司的股权表现形式为股票,在证券登记结算机构办理出质登记。

（3）知识产权质押的公示：知识产权质押的公示方式是向有关管理部门办理登记,并且登记生效。商标权质押登记机关是国家知识产权局下属的商标局,专利权质押登记机关是国家知识产权局,著作权质押登记机关是国家版权局。

（4）应收账款质押的公示：应收账款的公示方式是向人民银行办理质押登记,并且登记生效。应收账款质押的登记机构是中国人民银行征信中心。

2.4.1.5 动产质押权的善意取得

对于已经设定质押的动产,如果出质人对动产质押物无处分权,但其占有动产质押物且隐瞒自己无处分权的事实,此时,动产质押是否受到法律保护？由于占有是动产物权的公示方式,质权人信赖出质人有处分权是合理的,这个合理信赖应该受到法律保护,让善意的债权人取得动产质押权,即动产质押权的善意取得。

动产质押权的善意取得须满足：出质人无权在该动产上设定质押；出质人为动产质押物的占有人；质权人善意；质权人与出质人订立了质押合同,并且出质人已经向质权人交付了动产质押物,质权人占有该质押物。动产质押权的善意取得产生两个法律后果：一是善意债权人取得该动产的质押权,动产的所有权人无权对抗该质押权；二是该动产所有权人有权就其所受损失向无权处分人（即出质人）要求损害赔偿。

2.4.2 质押权的效力

质押权生效后,出质人和质权人均享有一定的权利,承担一定的义务。

2.4.2.1 出质人的权利

（1）质押物转让权。质押权设定后,出质人仍然是质押物的所有权人,在不损害已有的质押权的前提下,有权转让质押物。

（2）质押物再设抵押权。质押权设定后,质押物的价值可能大于被担保的主债权数额,出质人对质押物剩余部分价值的利用并不会损害既有的质押权,所以,出质人可以对剩余价值进行利用,比如用该质押物再次设定担保。由于抵押权人并不需要占用抵押物,所以,再次设定的担保可以是无须占有的抵押。当然,设定在后的抵押权的效力劣后于质押权,不会对在先的质押权造成损害。

(3)质押物价值维护权。质押物设定质押后,由质权人占有该质押物,如果质权人的行为致使质押物价值减少或有减少可能的,出质人有权要求质权人停止侵害、消除危险、恢复原状;同时,还有权要求质权人将质押财产提存,或者要求提前清偿债务并返还质押财产①。

(4)及时行使质权请求权。当质押权实现条件成就时,质权人应当及时行使其权利;如果质权人不行使质权的,出质人有权请求法院拍卖、变卖质押财产。质权人怠于行使权利给出质人造成损害的,质权人对于损害后果发生有过错的,应当向出质人承担损害赔偿责任②。

(5)追偿权。如果出质人为第三人,当质押权实现后,出质人丧失了质押物的所有权;同时,主债权因为质押权的实现而消灭,主债务人从中受益。此时,法律赋予质押人向主债务人进行追偿的权利。

2.4.2.2　出质人的义务

(1)隐蔽瑕疵告知义务。在质押权存续期间,质权人占有质押物,若质押物存在隐蔽瑕疵的,质权人就可能遭受损害,出质人应当在交付质押物时告知质权人,避免其遭受损害。如果出质人没有履行告知义务而因质押物的瑕疵造成质权人损害的,出质人应当承担赔偿责任。

(2)容忍义务。质押权存续期间,质权人占有质押物,作为所有权人的出质人对此负有容忍义务,不得侵害质权人的占有。

---

① 参见《民法典》第 432 条,质权人负有妥善保管质押财产的义务;因保管不善致使质押财产毁损、灭失的,应当承担赔偿责任。质权人的行为可能使质押财产毁损、灭失的,出质人可以请求质权人将质押财产提存,或者请求提前清偿债务并返还质押财产。

② 参见《民法典》第 437 条:出质人可以请求质权人在债务履行期限届满后及时行使质权;质权人不行使的,出质人可以请求人民法院拍卖、变卖质押财产。出质人请求质权人及时行使质权,因质权人怠于行使权利造成出质人损害的,由质权人承担赔偿责任。

2.4.2.3 质权人的权利

（1）占有质押物。动产质押与动产抵押最大的区别就是对质押物的占有。设置动产抵押，抵押权人不占有抵押物；而质押权生效后，质权人有权占有质押物，直至其债权得到全部满足。在质权存续期间，质权人对质押物的占有受到侵害的，质权人有权请求返还原物、排除妨碍、消除危险等。

（2）收取质押物孳息。如果当事人就质押物的孳息收取有约定的，则依照约定；没有约定的，质权人占有质押物，有权收取孳息①。若当事人约定孳息充抵主债权，通过孳息的收取，可减少主债权的数额，有利于各方利益。根据有关法律规定，孳息应当先充抵收取孳息的费用。充抵费用后，充抵利息，最后充抵主债权。如果孳息是金钱，可以直接充抵；如果孳息是其他财产，需要和质押物一起等到质押权实现条件成就后再行处置。

需要说明的是，如果质权人不收取、不及时收取、不以适当的方式收取孳息，导致孳息毁损、灭失或价值减少的，则损害了出质人的利益，有过错的质权人应当向出质人承担损害赔偿责任。

（3）保全质押权。在质押权存续期间，如果非因质权人的原因致使质押物价值减少或有减少可能的，质权人的利益就有可能受到损害。为了保护质权人的利益，法律赋予其保全质权的权利。质权人有权要求出质人提供相应的担保。如果出质人不提供担保的，质权人可以不经出质人的同意出卖质押物，对质押物变价所得价款在双方协商同意下，可以提前清偿债务；若协商未果，为保护债务人的利益，可以提存②。

（4）处分质押权。质押权对于质权人来说是财产权，有权处分，例如抛弃、转让、设定担保。抛弃质押权后，质权人丧失质押权，变成普通债权人。但是质权人抛弃质押权，不能侵犯其他人的利益。当质权人放弃质权时，其

---

① 参见《民法典》第430条：质权人有权收取质押财产的孳息，但是合同另有约定的除外。前款规定的孳息应当先充抵收取孳息的费用。

② 参见《民法典》第433条：因不可归责于质权人的事由可能使质押财产毁损或者价值明显减少，足以危害质权人权利的，质权人有权要求出质人提供相应的担保；出质人不提供的，质权人可以拍卖、变卖质押财产，并与出质人通过协议将拍卖、变卖所得的价款提前清偿债务或者提存。

他担保人的利益会受到侵害,此时,其他担保人在质权人丧失优先受偿权益的范围内免除担保责任。质权人转让质押权,须与主债权一起转让。质权人用自己的质押权为自己或他人的债务设定担保,质权人须把主债权和质押权一起用来设定担保,不能仅仅用质押权来设定。

（5）实现质押权。当质押权实现条件成就时,质押权人享有通过行使质押权使自己债权得到全部清偿的权利。

2.4.2.4　质权人的义务

（1）妥善保管质押物。质押权存续期间,质权人占有质押物,但质押物的所有权并不属于质权人,其应妥善保管质押物。如果质权人没有尽到善良管理人义务,因保管不善造成质押物毁损、灭失的,质权人应当对出质人承担损害赔偿责任[①]。

（2）不得使用、处分质押物。质权人对质押物不享有所有权,如果质权人擅自使用质押物的,属于侵犯出质人享有的对物的所有权的侵权行为,应当赔偿因此给出质人造成的损失[②]。

（3）返还质押物。在担保的主债务履行期限届满,主债权获得全部清偿或者主债务人提前清偿全部主债务的情况下,质押权不复存在,质权人应当向出质人返还质押物。

2.4.3　质权的实现

质权的实现又称为质权的行使,是指当质押权实现条件成就时,质权人对质押物折价或者拍卖、变卖,从变价所得价款中优先受偿,满足自己的主债权。

2.4.3.1　质权实现的条件

质权的实现须满足:存在有效的质押权;履行期限届满主债权未获完全

---

① 参见《民法典》第 432 条:质权人负有妥善保管质押财产的义务;因保管不善致使质押财产毁损、灭失的,应当承担赔偿责任。

② 参见《民法典》第 431 条:质权人在质权存续期间,未经出质人同意,擅自使用、处分质押财产,造成出质人损害的,应当承担赔偿责任。

清偿或发生当事人约定的实现质押权的情形;出质人无抗辩权;质权人在法定期限内行使。

2.4.3.2 质权实现的方式

跟抵押权的实现方式一样,质权的实现方式也是折价、拍卖、变卖三种。质押财产折价或者变卖的,应当参照市场价格。

如果质押的是权利,双方当事人不能就质押的权利折价达成协议的,对于汇票、支票、本票而言,质权人有权向票据付款人主张付款,然后从所得款项中优先受偿;对于债券、存款单而言,质权人有权向债务人主张付款,然后从所得款项中优先受偿;对于仓单、提单而言,质权人有权从债务人处提取货物,然后将货物出售,再从变价所得价款中优先受偿;对于股权或基金份额财产权,质权人有权将出质的公司股权或基金份额财产权出售,然后从变价所得价款中优先受偿;对于知识产权,质权人有权将出质的知识产权转让或许可他人使用,从转让费或使用费中优先受偿;对于应收账款债权,质权人可以直接请求应收账款的债务人向自己支付相应的款项,以满足自己的债权。

2.4.3.3 变价所得价款的分配

质押物的变价所得价款,和一般债权人相比,质权人有权优先受偿。变价所得款超过主债权数额的部分退还给出质人,不足部分由债务人继续清偿。

如果抵押物上设定质押,或者质押物上再设定抵押,即抵押权和质权竞存,变价所得价款如何在质权人和抵押权人之间分配? 根据是否完成公示以及公示先后情况确定清偿顺序①。如果质权有效设立:①抵押权没有登记,则不具有对抗效力,自然劣后于质权,抵押权人只有在质押权所担保的债权完全实现后才能就剩余的价款受偿;②抵押权已经进行了登记,当抵押人用动产抵押物设定质押时,由于抵押权公示在先,抵押权人就变价所得价款优先于质权人受偿;当出质人用动产质押物设定抵押时,由于质权公示在先,质权人就变价所得价款优先于抵押权人受偿。如果质权未有效设立:①抵押权未办理登记的,此时抵押权已经有效设立了,抵押权优先受偿;②抵押权已经进

---

① 参见《民法典》第 415 条:同一财产既设立抵押权又设立质权的,拍卖、变卖该财产所得的价款按照登记、交付的时间先后确定清偿顺序。

行登记了，抵押权优先受偿。

2.5　留置

留置是担保方式的一种，留置权是法律规定可以留置的债权，债权人依债权占有属于债务人的动产，在债务人未按照约定的期限履行债务时，债权人有权依法留置该财产，并优先受偿。扣留他人动产的债权人为留置权人；财产被对方扣留的债务人为留置人；被扣留的财产为留置物。留置的作用在于保障债权的完全实现，留置权是法定担保物权。

2.5.1　留置权的成立

留置权不同于约定担保物权的成立，需要有当事人设定担保物权的合意，还要进行担保物权的公示。留置权是法定担保物权，留置权的产生无须债权人和债务人进行约定，只要法律规定的条件成就，留置权就产生，也无须公示。当然，法律规定或者当事人约定不得留置的动产，不得留置。当事人可以通过事先约定排除留置权，债权人也可以在留置权成立后放弃留置权。一般来讲，留置权的成立需满足以下条件。

2.5.1.1　债权人已经占有债务人的动产

留置权的成立，需要债权人占有债务人的动产。基于一定的债权债务关系，债权人在债权债务发生时就已经合法占有（直接占有或间接占有）了债务人的动产。比如，在保管合同关系中，保管人基于合同关系占有相对方的物，并负有保管的义务。此时，保管人对物合法占有，当对方不支付保管费用时，保管人作为债权人有权留置该保管物。

2.5.1.2　留置物与主债权属于同一法律关系

留置物与债权属于同一法律关系，是指债权人占有动产的原因与债权发生的原因是同一个法律关系。也就是说，债权人是依合同占有债务人的动产，引起债权发生的法律关系就是债权人占有动产的依据。如果债权、债务与取得占有的合同没有因果关系，则不发生留置。比如，甲将自己的汽车送至乙修理,后来甲未向乙支付修理费用,乙可以留置被修理的汽车。乙无论是占有甲的汽车,还是对甲享有债权,均是基于甲乙之间的加工承揽合同,所以两者是同一法律关系,乙可以留置甲的汽车。《民法典》第448条对留置物与主债权属于同一法律关系作出了规定,但同时也规定"企业之间留置的除外"。可见,商事留置权可以不受同一法律关系的限制,因为在商事实践中,企业之间相互交易频繁,追求交易效率,如果严格要求留置财产必须与债权的发生具有同一法律关系,有悖交易迅捷和交易安全原则。所以,对于企业之间的商事留置,即使不是同一法律关系的动产,仍然可以留置。

2.5.1.3　履行期届满但债权未获完全清偿

履行期届满,如果债务人履行了义务而债权人拒绝受领的,则债权人违约,无须通过留置权保护债权人;履行期届满,如果债务人完全履行了债务,债权得以实现,也无须留置担保;只有在履行期届满但债权未获完全清偿的情况下,才产生留置权,通过留置实现债权。

2.5.2　留置权的效力与实现

2.5.2.1　留置权的效力范围

留置权效力所及的债权范围:留置权所担保的债权范围包括主债权及其利息、违约金、损害赔偿金、实现留置权的费用。留置权的主债权主要有保管合同、运输合同、加工承揽合同之债。

留置权效力所及标的物范围:留置的标的物应是动产,标的物范围包括留置物本身,也包括从物和孳息。

2.5.2.2　留置权人的权利和义务

(1)标的物扣留权。债权人因为享有留置权,如果债务人不履行义务,可以扣留标的物不予返还,直至债权获得完全清偿。

(2)孳息收取权。留置权人在占有留置物期间,有权收取留置物的孳息。收取的孳息首先应当充抵收取孳息的费用,然后充抵债务,一般是先充抵利息,然后是主债务。

(3)留置权实现权。当留置权实现条件成就时,留置权人通过实现留置权来满足自己的债权。

（4）催告义务。在留置权产生后，债权人应当通知债务人于宽限期内履行债务，宽限期届满后债务人仍然不履行债务的，留置权人有权行使留置权。留置权人负有催告义务，给予债务人一定的履行债务宽限期。法律允许双方当事人自行约定宽限期的长短，没有约定或者约定不明的，宽限期为 60 日以上。但如果留置物是鲜活易腐等不易保管的动产，宽限期可以少于 60 日。

（5）妥善保管义务。留置权人占有留置物，应当以善良管理人的注意义务妥善保管留置物。如果保管不善致使留置物毁损、灭失或价值减少的，留置权人应当对债务人承担赔偿责任。

（6）不得使用、处分义务。尽管留置权人占有留置物，但只支配留置物的交换价值而非使用价值，没有使用留置物的权利，负有不得使用留置物的义务。

（7）留置物返还义务。当履行期限届满主债权获得全部清偿、债务人提前清偿或者其他原因致使留置权消灭的，留置权人就不应当继续占有留置物，而应当向债务人返还留置物，否则就侵害了债务人的所有权。

2.5.2.3　留置人的权利和义务

（1）留置物转让权。留置权产生后，留置人仍然是留置物的所有权人，有权在不损害留置权的前提下处分自己的所有物，如转让留置物。

（2）留置物再设抵押权。留置权产生后，留置人因为丧失直接占有而无法支配留置物的使用价值，但是在不损害既存留置权的前提下可以利用留置物的交换价值，可以就留置物再设定抵押。

（3）留置物价值维护权。不论是留置权人还是第三人的不当行为致使留置物价值减少、损失或有减少、毁损之虞的，留置人都享有留置物价值维护权，有权请求行为人停止侵害、消除危险、恢复原状、赔偿损失等。

（4）留置权提前行使请求权。债务人有权请求留置权人在留置权产生后的宽限期届满前行使留置权。

（5）留置人的义务。债务人对留置权人有留置物隐蔽瑕疵告知义务和容忍义务。

2.5.2.4 留置权实现的条件

留置权的实现,是指当留置权行使条件成就时,留置权人将留置物折价或者拍卖、变卖,并从变价所得价款中优先受偿从而满足自己的主债权。留置权实现须满足以下条件:

(1)宽限期届满。宽限期届满,留置权人才能实现留置权。宽限期可以由双方当事人进行约定,宽限期的起算点也可由双方当事人约定。如果没有约定或者约定不明的,从主债务履行期届满之日起算。

(2)债权未完全实现。宽限期届满后,债务人仍未履行自己的债务,也没有另行提供担保的,留置权实现的条件成就。

此外,留置权所担保的主债权诉讼时效届满后,债务人或者对留置财产享有所有权的第三人请求留置权人返还留置财产的,法院不予支持;但是,债务人或者第三人可以请求法院拍卖、变卖留置财产并以所得价款清偿债务。

关于留置权实现方式和变价所得价款的分配,和抵押权和质权没有区别,不再赘述。值得注意的是,同一动产上已经设立抵押权或者质权,该动产又被留置的,留置权人优先受偿。

2.6 定金

定金是指当事人约定一方向对方支付一定数额的金钱作为债权的担保,即:当给付金钱的一方不履行债务或者履行债务不符合约定,致使不能实现合同目的的,无权请求返还该笔金钱;收受金钱的一方不履行债务或者履行债务不符合约定,致使不能实现合同目的的,应当双倍返还该笔金钱。这就是定金罚则。定金具有双向性的特征,其不同于保证、抵押、质押、留置,后者都是担保一方当事人的债权,保障债权人债权的实现。定金的目的是担保主债务的履行,它担保的是合同双方当事人的两个债权,对双方当事人都有担保作用,而非仅适用于一方当事人。

2.6.1 定金的设立

定金是约定担保,定金的设立需要债权人和债务人签订定金合同,并交付定金。

2.6.1.1 订立定金合同

定金合同由主合同双方当事人达成合意,该合意应当采用书面形式,明确约定被担保的合同、定金的数额以及定金给付的时间。定金的数额不得超过主合同标的额的 20％,超过部分不产生定金的效力①。定金交付的时间不能迟于合同履行的时间,因为一旦迟于合同履行时间,其促进合同履行的作用就无从发挥,订立定金合同的意义也就丧失了。

2.6.1.2 交付定金

定金合同的成立不仅要采用书面形式,还要实际交付定金。定金的交付和其他动产的交付一样,是指定金给付人将自己对定金的占有移转至定金接受人处。定金合同从实际交付定金之日起生效。由于定金合同是实践性合同,如果定金未实际交付,定金合同不能成立;定金给付人的未交付行为不视为违约,无须向对方当事人承担违约责任。

如果未按定金合同的约定交付定金,比如早交、晚交、多交、少交,则产生不同的法律后果。在定金早交或晚交的情况下,定金接受人接受了定金的交付,视为双方当事人变更了交付时间,定金合同因定金的交付而成立;定金接受人不接受定金的交付,那么定金合同就会因没有合格的定金交付而不成立。在定金少交的情况下,定金接受人接受了定金的交付,视为双方变更定金的数额,定金合同因定金的交付而成立;如果定金接受人对数额的减少有异议而不接受该定金的,定金合同不成立。在定金多交的情况下,若定金接受人提出异议并拒绝接受,定金合同不成立。

2.6.2 定金的效力

定金合同成立生效后,定金合同发生效力,其效力主要体现在定金罚则的适用上。

---

① 参见《民法典》第 586 条第 2 款:定金的数额由当事人约定,但是,不得超过主合同标的额的百分之二十,超过部分不产生定金的效力。实际交付的定金数额多于或者少于约定数额的,视为变更约定的定金数额。

主合同的双方当事人都按照合同约定履行自己的义务,定金应当返还或抵作价款。如果当事人不履行合同义务,包括一方当事人违约和双方当事人违约,应适用定金罚则。

一方当事人履行合同的债务而另一方当事人不履行或者履行债务不符合约定的,后者违约。如果违约方是给付定金方,其丧失该笔定金,无权向对方当事人主张返还定金;如果是接受定金方,其应向定金给付方双倍返还定金①。这里的不履行,包括拒绝履行和履行不能,不论债务人对自己的违约行为有无过错,即使是因为第三人的过错行为致使主合同不能履行的,仍然适用定金罚则。但是,如果当事人的不履行是由不可抗力或者意外事件所造成的,定金罚则就不能适用。

① 参见《民法典》第 587 条:债务人履行债务的,定金应当抵作价款或者收回。给付定金的一方不履行债务或者履行债务不符合约定,致使不能实现合同目的的,无权请求返还定金;收受定金的一方不履行债务或者履行债务不符合约定,致使不能实现合同目的的,应当双倍返还定金。

第**3**章

其他类型的担保

本章介绍的其他类型的担保主要有反担保、再担保以及所有权保留、融资租赁、保理、让与担保等非典型担保。

3.1 反担保

如果是债务人以外的第三方作为担保人向主债权人提供担保，当债务人不履行债务时，担保人承担担保责任后向债务人追偿，其追偿权很可能不能完全实现。由是，为保障债务人以外的担保人的利益，需要为担保人的担保提供保障，确保担保人的权益，这就是反担保。

3.1.1 反担保的含义

反担保是指向债务人提供担保的第三人，为了保证其追偿权的实现，要求债务人提供担保。简言之，就是为担保人提供担保，是为保障债务人以外的担保人将来承担担保责任后实现追偿权而设定的担保。

可见，反担保是一个担保，《民法典》第二章第四分编关于担保物权的一般规则同样适用于反担保①。反担保以本担保（本担保是原本已经存在的担

---

① 参见《民法典》第 387 条第 2 款：第三人为债务人提供担保的，可以要求债务人（转下页）

保,反担保为该担保提供担保)的存在为前提,反担保所担保的主债权是担保人的追偿权,即本担保中担保人对主债务人的追偿权。反担保因为追偿权而设立,随着追偿权的转移而转移、消灭而消灭。提供反担保的可以是主债务人,也可以是主债务人以外的其他人。

反担保是约定担保,由反担保人与担保人通过订立反担保合同而设定。反担保作为一种担保,适用范围较窄,只适用本担保为约定担保且本担保的担保人为主债务人以外的第三人的情形。如果担保人是主债务人自己,则不存在追偿权,所以不需要反担保。例如,本担保是主债务人提供的抵押和质押,则无须设定反担保。只有主债权债务关系之外的第三人提供了担保,才有追偿的权利,为确保追偿权的实现,需要设置反担保。

3.1.2 反担保的设立

反担保由反担保人与担保人通过订立反担保合同而设定。反担保合同和本担保合同一样,有两方当事人,即担保人和担保权人。反担保合同的担保权人是本担保合同的担保人,反担保合同的担保人是本担保合同的主债务人或者其他人。

反担保合同的内容与本担保合同并无太大区别,比较特殊的是:

(1)被担保的主债权。前文阐述了反担保中被担保的主债权是本担保合同中担保人的追偿权。在反担保中,除了本担保履行了担保义务后再设定反担保的情况外,反担保人在提供反担保时,本担保是否存在追偿权还是未知数。担保人只有在已经代债务人履行债务的前提下才能向反担保人要求其承担反担保责任,如果主债务人向担保人履行了债务,反担保因为主债权的实现而归于消灭。

(2)反担保的方式。反担保的担保方式有保证、抵押和质押等。如果反担保的方式是保证,保证人不能是主债务人自己;如果反担保的方式是抵押或者质押,抵押人和质押人可以是主债务人自己,也可以是主债务人以外的

(接上页)提供反担保。反担保适用本法和其他法律的规定。《民法典》第 689 条:保证人可以要求债务人提供反担保。

其他人。以抵押或者质押的方式提供反担保的,跟普通担保一样,同样需要办理抵押登记,质押物的交付,以进行物权公示。

3.1.3 反担保的实现

3.1.3.1 实现的条件

反担保的实现,须满足以下条件:

(1)存在有效的反担保①。首先,要有书面的反担保合同,双方当事人对反担保意思表示明确;其次,反担保的担保方式符合法律规定,或是保证,或是抵押、质押等。

(2)履行期届满追偿权并未获得完全实现。担保人在本担保中,由于主债务人未履行债务而承担担保责任后才产生追偿权,当担保人的追偿权未完全实现时,才应实现反担保来保障担保人追偿权的完全实现。这里,涉及担保人追偿权的履行期限问题。在追偿权的履行期限届满前,即使担保人的追偿权未获完全清偿,也不能实现反担保。该履行期限取决于本担保中相关委托担保合同的约定,如果没有约定或者约定不明的,担保人随时有权向主债务人要求履行,在必要的准备时间届满后主债务人仍然不履行的,可以实现反担保,要求反担保人履行反担保义务。

(3)反担保人无抗辩权。如果反担保人享有抗辩权,其行使抗辩权就会阻止反担保的实现。

(4)在合理期限内行使。如果反担保方式为保证的,必须在保证期间内向

---

① 参见《最高人民法院关于适用〈中华人民共和国民法典〉有关担保制度的解释》第 19 条第 2 款:反担保合同无效的,依照本解释第十七条的有关规定处理。当事人仅以担保合同无效为由主张反担保合同无效的,人民法院不予支持。《最高人民法院关于适用〈中华人民共和国民法典〉有关担保制度的解释》第 17 条:主合同有效而第三人提供的担保合同无效,人民法院应当区分不同情形确定担保人的赔偿责任:(一)债权人与担保人均有过错的,担保人承担的赔偿责任不应超过债务人不能清偿部分的二分之一;(二)担保人有过错而债权人无过错的,担保人对债务人不能清偿的部分承担赔偿责任;(三)债权人有过错而担保人无过错的,担保人不承担赔偿责任。主合同无效导致第三人提供的担保合同无效,担保人无过错的,不承担赔偿责任;担保人有过错的,其承担的赔偿责任不应超过债务人不能清偿部分的三分之一。

保证人主张权利,否则保证人的保证责任就归于消灭;向保证人主张权利后,还应当在诉讼时效内行使保证权,否则人民法院不予保护;如果反担保方式是抵押、质押的,也应当在诉讼时效内行使抵押权、质押权,否则将不受法院保护。

(5)实现的后果。反担保中的保证人履行了保证义务,担保权人的追偿权得以实现,或者担保权人将反担保中保证人的一般责任财产、反担保物(抵押物或质押物等)进行折价或者拍卖、变卖,将变价所得价款用于清偿自己的追偿权。未获清偿的那部分追偿权,本担保中的主债务人仍然负有向担保人清偿的义务。

3.2 再担保

我国《民法典》及相关司法解释规范了担保和反担保两种担保形态。前者是债务人或者第三人直接向主债权人提供的担保;后者是由债务人或者其他人向为主债务提供担保的担保人提供的担保。再担保是为切实缓解中小微企业融资难问题,在实践中发展起来的担保类型。

3.2.1 再担保的概念

再担保,在原《担保法》及相关司法解释以及《民法典》中均未提及。最早出现再担保概念的是 1999 年 6 月国家经贸委《关于建立中小企业信用担保体系试点的指导意见》,其中规定了再担保制度,即担保机构与再担保机构签订再担保合同,担保机构代偿后,再担保机构按约定比例承担相应责任,再担保机构与担保机构共同对债务人实施追偿。可见该制度的目的在于分担担保机构的责任,防范担保机构无力履行担保义务的风险。有学者认为:所谓再担保,指为担保人设立的担保;当担保人不能独立承担担保责任时,再担保人将代替担保人向债权人继续剩余的清偿,以保障债权的实现;担保人和再担保人均为债务人向债权人负责[1]。

---

[1] 李国光,等.关于适用〈中华人民共和国担保法若干问题的解释〉理解与适用[M].长春:吉林人民出版社,2000:50.

由于对再担保存在不同的理解,使再担保的业务模式不同,例如代偿追偿机制。若再担保人是在担保人承担担保责任后,按照约定和担保人分担担保责任,其代偿是向担保人代偿,主债权人只能直接向担保人要求代偿,而不是再担保人。再担保人代偿后再进行追偿,其向主债务人的追偿更具代位性;若再担保是在担保人不能履行担保义务时发生,再担保人按照约定向主债权人承担担保责任,其代偿是向主债权人代偿,主债权人可以向再担保人直接要求代偿,再担保人代偿后再进行追偿,其向主债务人的追偿具有直接性。

因此,对于再担保的理解,不能脱离再担保的业务实践。目前再担保业务主要有两种模式:一般保证责任的再担保业务和比例连带保证责任的再担保业务(具体业务模式详见后文)。从实际业务操作来看,再担保是对本担保的担保,基于再担保人和担保人事先的约定,当主债务人不履行或不能履行主债务,担保人应履行却无力履行担保义务时,由再担保人向主债权人继续履行担保义务,代为清偿债务;或者担保人履行担保义务后,由再担保人按约定的责任比例向担保人支付代偿款项,从而达到分担担保人风险的目的。

3.2.2 再担保的法律性质

再担保是一种特殊的担保形式,是为了优化营商环境,解决中小微企业融资难问题的制度创新,通过在本担保上设立再担保,帮助担保机构分担风险,从而提升信用,放大担保能力,最终实现债权。尽管再担保制度和担保制度的目的都是为了保障债权的实现,但再担保不同于担保、反担保、共同担保。

(1)再担保不同于担保。在担保的法律关系中,存在主债权人和债务人的债权债务关系,债务人和担保人的委托担保关系,主债权人和担保人的担保关系,三者之间紧密联系。主债权人和债务人通常以合同的形式形成债权债务关系,是主合同;主债权人和担保人签署保证合同,是从合同。担保的对象是主债权人对债务人的债权,债务人是被担保人,担保人可以是债务人自身(如债务人以自有房屋提供抵押担保),也可以是愿意承担担保责任的第三人。

(2)再担保不同于反担保。反担保的法律关系和担保是一样的,只不过反担保担保的主债权是担保人为债务人承担担保责任后,与债务人之间形成的债权,相比本担保关系,这时担保人成为主债权人,反担保人可以是债务人自身,也可以是愿意承担反担保责任的第三人。

(3)再担保不同于共同担保。共同担保有共同保证、共同抵押、混合共同担保。共同担保与担保的法律关系是一样的,每个担保人直接与主债权人、债务人发生关系,共同对同一主债权提供担保。共同担保人之间可以是连带责任,也可以是按份责任。

综上,担保、反担保、共同担保,其存在于债权人、债务人、担保人三者关系的体系中,再担保的法律关系的主体是担保人和再担保人,并不直接存在于债权人、债务人、担保人三者关系中,其通过担保人和再担保人的两者关系,进而参与主债权的担保。当然,无论是再担保,还是担保、反担保,担保的方式可以是保证担保,也可以是抵押、质押担保。实务中,再担保通常是保证的方式,而担保、反担保则形式多样,可以是保证、抵押和质押,也可以是多种方式的混合。

3.2.3 再担保的业务模式及责任承担

3.2.3.1 业务模式

2015年,《国务院关于促进融资担保行业加快发展的意见》(国发〔2015〕43号)明确"发挥政府主导作用,推进再担保体系建设"。特别是国家融资担保基金设立后,再担保业务蓬勃发展。目前开展的再担保业务主要有两种。

(1)一般保证责任再担保业务。该类再担保业务是再担保人与担保人约定,对担保人一定期间内开展的担保业务承担一般保证责任。一般保证责任是指债务人不能履行债务时,由保证人承担保证责任,代为履行债务。承担一般保证责任的保证人享有先诉抗辩权,在主债务纠纷经诉讼或者仲裁,并就债务人的财产依法强制执行仍不能履行债务的情况下,才承担保证责任。保证人的先诉抗辩权是一般保证突出的特点,即一般保证责任的再担保业务,更注重的是保障债权实现,而不是分担担保业务的风险。实务中,再担保人和担保人通常会约定承担一般保证责任的保证期间、保证范围、具体条件,或者免除保证责任的条件。

（2）比例连带保证责任再担保业务。该类再担保业务是目前再担保业务的主要类型，是指再担保人和担保人约定，对担保人一定期间内开展的担保业务承担一定比例的连带保证责任。具体操作中，担保人在支付代偿款后，可以按照约定的条件，要求再担保人履行约定比例的保证责任；也有的是发生代偿情况后，再担保人先行支付约定比例的代偿款至担保人，由担保人一并代偿给主债权人。相较一般保证责任，连带保证责任的再担保人不必经过主债权的诉讼和执行程序，在发生代偿后，就履行再担保义务，不仅保障了债务的清偿，而且有效地分担了担保人的风险，体现了再担保提升担保人信用、扩大担保能力的效用。

3.2.3.2　再担保的责任认定及承担

再担保的责任认定和承担涉及对保证范围、保证期间、保证债务诉讼时效以及双方约定条件的审查。

（1）保证范围。保证范围是指保证人应当承担保证责任的范围。有约定的，按照约定确定保证责任的范围，但约定的保证责任范围不能超过主债务；没有约定的，保证范围包括主债权及利息、违约金、损害赔偿金和实现债权的费用。

总体而言，一般保证责任再担保是对一定期间担保机构的担保余额为责任范围，随着担保业务的正常结清，以及担保机构的代偿，再担保的责任逐步减少；比例连带责任再担保是对一定期间担保机构的一定比例的担保实际发生额（履行担保义务的部分）为责任范围。具体到每笔担保业务，再担保人就保证范围可以予以约定，比如只对本金部分提供再担保责任，对担保人开展的某类业务提供再担保或者某类业务不提供再担保。

（2）保证期间。保证期间是确定保证人承担保证责任的期间。保证期间是不变期间，不发生中止、中断、延长的情形。保证人只在保证期间内对其担保的主债务负保证责任，保证期间届满后，保证人不再负保证责任。保证期间可以由保证人和债权人约定，如果没有约定或者约定不明确的，保证期间为主债务履行期限届满之日起 6 个月。根据《民法典》及相关解释的规定，约定的保证期间早于主债务履行期限或者主债务履行期限同时届满的,视为没有约定;约定保证人承担保证责任直至主债务本息还清时为止等类似内容的,视为约定不明。

债权人对保证人主张权利应当在保证期间内提出,否则将会承担不利的法律后果。一般保证中,在保证期间内,债权人未对债务人提起诉讼或者申请仲裁的,保证人免除保证责任。连带责任保证中,在保证期间内,债权人未要求保证人承担保证责任的(包括未提起诉讼或申请仲裁,也包括未直接向保证人请求承担责任),保证人免除保证责任。

(3)保证债务诉讼时效。保证期间是债权人有权主张保证债权的期间,从债权人主张保证债务、保证人拒绝履行保证债务之时起,债权人的请求权则适用诉讼时效的规则。一般保证的债权人在保证期间届满前对债务人提起诉讼或者申请仲裁的,保证债务的诉讼时效从保证人拒绝承担保证责任的权利消灭之日起计算。承担一般保证责任的保证人,享有先诉抗辩权,从抗辩权的权利消灭之日起,开始计算保证债务的诉讼时效。

连带责任保证的债权人在保证期间届满前请求保证人承担保证责任的,保证债务的诉讼时效从债权人请求保证人承担保证责任之日起计算。

(4)责任承担。再担保业务实务中,当债务人无力清偿或者不能完全清偿主债务时,则会发生再担保责任的承担。如前所述,再担保是特殊的担保形式,是对担保的担保,所以再担保人首先须审查本担保的有效性,只有在本担保合法有效的前提下,再担保才承担保证的责任;同时,对其他免除再担保责任的情况,双方也会做出约定,以避免担保人恶意将风险转嫁给再担保人的道德风险。此外,再担保人须对再担保的保证责任的方式、保证范围、保证期间、保证债务的诉讼时效、免除保证责任的具体条款等进行审查,确定是否承担再担保责任。

对于一般保证责任的再担保业务,审查保证债务的诉讼时效相对复杂些,不同的情况其诉讼时效的起算点不同。根据《有关担保制度的解释》的规定,有以下几种情况:①债权人申请强制执行,法院作出终结本次执行程序裁定,自裁定书送达债权人之日起计算保证债务的诉讼时效;②法院自收到申请执行书之日起1年内未作出终结本次执行裁定的,自法院收到申请执行书满 1 年之日起开始计算保证债务的诉讼时效（但是保证人有证据证明债务人仍有可供执行的财产除外）；③债权人举证证明存在保证人不得行使先诉抗辩权的事由，保证债务的诉讼时效自债权人知道或者应当知道该事由之日起计算保证债务的诉讼时效。

3.2.3.3　再担保的追偿

再担保人按照约定履行了再担保义务，再担保人有权向债务人进行追偿。在实务中，再担保人的追偿跟担保人的追偿有明显的不同。担保人是直接参与债权人、债务人之间的债权债务关系，有时还会有反担保人，他们之间通过相关的合同建立了紧密的联系，如担保人与债权人的《保证合同》、担保人与债务人的《委托担保合同》、担保人与反担保人的《反担保合同》；担保人代为清偿债务后，依据相关的合同约定或法律规定，向债务人、反担保人等进行追偿。而再担保人仅与担保人发生合同关系，与债权人、债务人、反担保人等没有直接的合同关系，因此，再担保人如何向债务人追偿，须通过代位权来实现。《民法典》第 700 条明确规定了保证人的代位权，即保证人承担保证责任后，有权在其承担保证责任的范围内向债务人追偿，享有债权人对债务人的权利。担保代位权的规定，实现了再担保人的追偿。

实际业务操作中，为避免讼累，特别是比例连带保证责任再担保，再担保人会通过与担保人约定的方式实现追偿，比如双方约定，当发生再担保人代偿的情况时，再担保人先行将应支付款项作为风险补偿金划付给担保人，但此时不进行代偿结算，由担保人继续向债务人、反担保人等进行追偿，待追偿完毕后，再担保人向担保人进行代偿结算。当然，对于一般保证责任再担保，再担保人是在债务人和担保人无可供执行的财产的前提下承担再担保的责任，再担保人难以实现受偿，但基于担保代位的追偿权利仍然保留，一旦发现债务人和担保人有可供执行的财产，仍有权予以追偿。

3.3　非典型担保

民法上的担保制度，依照其是否在法律上有明文规定，可以分为典型担保和非典型担保,民法典中所规定的抵押、质押及留置等,即属于典型担保。非典型担保是指在社会中自发形成的,虽然法律没有明文规定,但能够起到担保债权实现作用的制度。在我国民法中主要包括所有权保留、融资租赁、保理及让与担保等制度。[①] 但随着我国《民法典》的颁布施行,所有权保留、融资租赁及保理等非典型担保制度逐渐具备了典型化的特征。

3.3.1 所有权保留

在分期付款买卖中,约定所有权保留的情况较为常见。出卖人在标的物交付买受人后继续保留所有权的目的,显然是担保价款债权的实现,因而所有权保留是一种非典型担保制度。

3.3.1.1 所有权保留的含义及公示

所有权保留是指当事人在买卖合同中约定,如果买受人没有履行支付价款或者其他义务的,标的物的所有权仍然属于出卖人。为了便于第三人从外观上识别出卖人所保留的所有权,从而保护第三人的交易安全,《民法典》明确规定出卖人保留的所有权非经登记,不得对抗善意第三人[②]。如果在同一标的物上存在数个担保物权时,即使其中有出卖人保留的所有权,也应根据登记优先于未登记、先登记优先于后登记的顺序处理数个担保物权之间的清偿顺序。

3.3.1.2 出卖人取回标的物

为了确保出卖人保留的所有权发挥其担保价款债权实现的功能,《民法典》还规定下述情形造成出卖人损害的,出卖人可以取回标的物:买受人未按照约定支付价款,经催告后在合理期限内仍未支付;未按照约定完成特定支付条件;将标的物出卖、出质或者作出其他不当处分。在发生出卖人可以取回标的物的情形下,出卖人可以与买受人协商取回标的物;协商不成的,可以通过非诉讼程序的方式实现担保物权,也可以通过诉讼程序,申请人民法院

---

① 梁慧星,陈华彬.《物权法》(第二版)[M].北京:法律出版社,2003.
② 参见《民法典》第 641 条第 2 款:出卖人对标的物保留的所有权,未经登记,不得对抗善意第三人。

拍卖、变卖标的物并就所得价款受偿的方式取回标的物。

3.3.1.3　买受人回赎标的物

此外,《民法典》还规定了买受人回赎标的物的权利:出卖人依法取回标的物后,买受人在合理回赎期限内,消除出卖人取回标的物的事由,可以请求回赎标的物。如果买受人没有回赎标的物,有权请求出卖人以合理价格转卖标的物并将超过买受人欠付价款及其他费用的部分予以返还。如果出卖人不以合理价格转卖标的物并将超过买受人欠付价款及其他费用的部分返还给买受人,买受人也仍然有权请求参照担保物权的实现程序,申请人民法院拍卖、变卖标的物。

3.3.2　融资租赁

3.3.2.1　融资租赁的含义

融资租赁是指出租人根据承租人对出卖人、租赁物的选择,向出卖人购买租赁物,提供给承租人使用,承租人支付租金的行为。融资租赁通过融资租赁合同约定各方的权利义务,融资租赁合同包括由融资租赁公司与承租人签订的融资租赁合同,以及融资租赁公司与供应商签订的买卖合同。两个合同并不是独立存在的,而是在效力上相互交错:买卖合同的出卖人不是向买卖合同的买受人履行现实交付标的物的义务,而是向另一个合同即租赁合同中的承租人交付标的物,承租人享有与受领标的物有关的买受人的权利和义务;在出卖人不履行买卖合同义务时,承租人得在一定前提下,向出卖人主张赔偿损失;买卖合同的双方当事人不得随意变更买卖合同中与租赁合同的承租人有关的合同内容。上述含义所描述的是融资租赁中最典型的直接租赁模式,实践中,还存在一种售后回租模式,即承租人将其自有物出卖给出租人后又回租使用的模式。

3.3.2.2　租赁物的登记

融资租赁中租赁物的所有权归属于出租人,承租人依据租赁合同对自己没有所有权的租赁物进行占有、使用和收益。融资租赁实务中,租赁物大多是准不动产,如大型的机器设备等,依照法律规定未进行登记的不得对抗善意第三人①。出租人虽然作为租赁物名义上的所有权人,但并不实际占有使用租赁物,为了避免租赁物被承租人擅自处分,出租人往往会将其对租赁物的所有权进行登记,以避免遭受损失。

对于机动车辆而言,实践中的问题更为复杂。一方面,融资租赁业务通常在中国人民银行征信中心动产融资统一登记公示系统(即中登网)进行登记,但机动车辆的主管机关是公安机关的车辆管理部门(简称车管所)。实践中,人们往往只关注机动车是否在车管所进行过登记,而不会关注中登网上的融资租赁登记。基于这种情况,为了避免承租人私自处分租赁物而导致第三人善意取得租赁物所有权的不利后果,融资租赁的出租人往往会授权承租人夫车管所进行抵押登记,以作为租赁物的机动车辆担保融资租赁债权,也就是所谓的"自物抵押"。根据原《最高人民法院关于审理融资租赁合同纠纷案件适用法律问题的解释》第9条规定:"承租人或者租赁物的实际使用人,未经出租人同意转让租赁物或者在租赁物上设立其他物权,第三人依据物权法第106条的规定取得租赁物的所有权或者其他物权,出租人主张第三人物权权利不成立的,人民法院不予支持,但有下列情形之一的除外:……(二)出租人授权承租人将租赁物抵押给出租人并在登记机关依法办理抵押权登记的……"借由自物抵押,出租人对租赁物的所有权实际上取得了对抗善意第三人的效力。

3.3.2.3　租赁物的收回

承租人对租赁物不享有处分权,如果承租人对租赁物擅自行使处分权,如将租赁物转让、抵押、质押、投资入股或者以其他方式进行处分,就是对出租人对租赁物所有权的侵害,构成根本违约。此时,出租人有权解除融资租赁合同,收回自己的租赁物②。

如果承租人经催告后在合理期限内仍不支付租金,出租人既可以选择请

---

① 参见《民法典》第745条:出租人对租赁物享有的所有权,未经登记,不得对抗善意第三人。
② 参见《民法典》第753条:承租人未经出租人同意,将租赁物转让、抵押、质押、投资入股或者以其他方式处分的,出租人可以解除融资租赁合同。

求支付全部租金,也可以选择解除合同,收回租赁物①。值得注意的是,《民法典》明确了收回租赁物的前提是解除合同,如果承租人欠付租金导致出租人有权解除合同并收回租赁物,而双方无法就合同解除和租赁物的收回达成一致,出租人可以提起诉讼,请求解除合同并收回租赁物。

3.3.2.4　租赁期限届满租赁物的归属

租赁期限届满租赁物权利归属按如下方法确定:出租人和承租人在合同中约定了租赁物权利归属的,按照约定处理;没有约定或者约定不明确的,由双方协议补充,达成合意的,按照合意处理;不能达成补充协议,不能确定租赁物的权利归属的,租赁物所有权归属于出租人。

不过,如果当事人约定租赁期限届满租赁物归承租人所有,且承租人已经支付大部分租金,只是无力支付剩余租金,此时涉及承租人的利益保护问题。《民法典》规定,出租人因此解除合同收回租赁物,收回的租赁物的价值超过承租人欠付的租金以及其他费用的,承租人可以请求相应返还。因租赁物毁损、灭失或者附合、混合于他物致使承租人不能返还的,出租人有权请求承租人给予合理补偿。问题是,如果当事人就租赁物的价值发生争议,如何确定租赁物的价值?关于租赁物的价值,融资租赁合同有约定的,按照其约定;融资租赁合同未约定或者约定不明的,可以根据约定的租赁物折旧以及合同到期后租赁物的残值来确定;如果根据前述方法仍难以确定,或者当事人认为依照前述方法确定的价值严重偏离租赁物实际价值的,可以请求人民法院委托有资质的机构评估。

3.3.2.5　融资租赁租金优先权

根据《有关担保制度的解释》第 57 条规定:"担保人在设立动产浮动抵押并办理抵押登记后又购入或者以融资租赁方式承租新的动产,下列权利人为担保价款债权或者租金的实现而订立担保合同,并在该动产交付后十日内办理登记,主张其权利优先于在先设立的浮动抵押权的,人民法院应予支持:

---

① 参见《民法典》第 752 条:承租人应当按照约定支付租金。承租人经催告后在合理期限内仍不支付租金的,出租人可以请求支付全部租金;也可以解除合同,收回租赁物。

(一)在该动产上设立抵押权或者保留所有权的出卖人;(二)为价款支付提供融资而在该动产上设立抵押权的债权人;(三)以融资租赁方式出租该动产的出租人。

"买受人取得动产但未付清价款或者承租人以融资租赁方式占有租赁物但是未付清全部租金,又以标的物为他人设立担保物权,前款所列权利人为担保价款债权或者租金的实现而订立担保合同,并在该动产交付后十日内办理登记,主张其权利优先于买受人为他人设立的担保物权的,人民法院应予支持。

"同一动产上存在多个价款优先权的,人民法院应当按照登记的时间先后确定清偿顺序。"

《有关担保制度的解释》第57条将《民法典》第416条所规定的价款优先权扩张到了融资租赁上。根据该条规定,出租人为了担保融资租赁租金债权的实现,在交付租赁物于承租人后的十日内进行登记的,那么出租人的租金债权就取得了优先于承租人为他人设立的担保物权,即使该担保物权先登记于融资租赁。

3.3.3 保理

3.3.3.1 保理的含义及法律特征

保理是指应收账款债权人将现有的或者将有的应收账款转让给保理人,保理人提供资金融通、应收账款管理或者催收、应收账款债务人付款担保等服务。应收账款是指企业在正常的经营过程中因销售商品、产品、提供劳务等业务,应向购买方收取的款项。保理业务涉及的应收账款包括已经发生(已经发生并明确成立)和将来发生(现实并未发生但是将来一定会发生)的债权。转让应收账款的一方是应收账款债权人,接受应收账款债权并提供金融服务的一方是保理人。

保理的法律特征如下:保理以货物贸易和服务贸易所产生的应收账款的转让为前提;基于应收账款的转让,受让方为转让方提供综合型的金融服务;提供金融服务的内容是资金融通、应收账款管理或催收、应收账款债务人的付款保证等。

以保理人对应收账款是否享有追索权为标准,保理分为有追索权的保理和无追索权的保理。需要说明的是,所谓保理人提供的应收账款债务人付款担保服务,系指保理人就应收账款债务人的付款义务向债权人提供担保,它是保理服务的常见内容之一,但这并非保理合同本身的担保功能。保理合同的担保功能仅仅存在于有追索权的保理,因为无追索权保理仅仅是保理人为赚取应收账款与保理融资款之间的差价而受让应收账款。

3.3.3.2　有追索权的保理人行使权利及后果

在有追索权的保理中,保理人可以向应收账款债权人主张返还保理融资款本息或者回购应收账款债权,也可以向应收账款债务人主张应收账款债权;保理人向应收账款债务人主张应收账款债权,在扣除保理融资款本息和相关费用后有剩余的,剩余部分应当返还给应收账款债权人。可见,在有追索权的保理中,应收账款虽然名义上已经转让给了保理人,但其目的在于担保保理人对应收账款债权人所享有的保理融资款本息。就此而言,有追索权的保理与应收账款质押一样,其功能都是为了担保债权的实现。也正因如此,与同一应收账款可能发生多次质押或者多次转让一样,同一应收账款也可能发生多重保理。对此,《民法典》第 768 条规定:"应收账款债权人就同一应收账款订立多个保理合同,致使多个保理人主张权利的,已经登记的先于未登记的取得应收账款;均已经登记的,按照登记时间的先后顺序取得应收账款;均未登记的,由最先到达应收账款债务人的转让通知中载明的保理人取得应收账款;既未登记也未通知的,按照保理融资款或者服务报酬的比例取得应收账款。"

需要说明的是,当事人约定有追索权保理的,保理人可以向应收账款债权人主张返还保理融资款本息或者回购应收账款债权,也可以向应收账款债务人主张应收账款债权。保理人可分别以应收账款债权人和债务人为被告向人民法院提起诉讼;同时,有追索权的保理实质上是应收账款债权人为保理人不能从应收账款债务人处收回约定的债权而提供的担保,这也是有追索权的保理被视为其他具有担保功能的合同的原因。既然是担保,自应适用担保的一般规则,即保理人也可以同时起诉应收账款的债务人和债权人。

3.3.4 让与担保

《民法典》虽未明确规定让与担保,但通过对担保物权中流押、流质条款的修改,产生了让与担保的制度效果。实际上,《有关担保制度的解释》第 68 条已经确立了让与担保的担保物权属性[①]。

3.3.4.1 让与担保的含义

让与担保有广义和狭义之分。广义让与担保包括买卖式担保和让与式担保。买卖式担保,是指以买卖方式移转标的物的所有权,而以价金名义通融金钱,并约定日后将该标的物买回的制度;狭义让与担保,仅指让与式担保,是指债务人(或第三人)为担保债务清偿,将担保标的物之所有权移转给债权人,在债务清偿后,标的物之所有权回归于担保人;在债务届时未能得到清偿时,债权人有就担保物优先受偿的权利。

让与担保的要点:①在设定这一担保时,担保人需将标的物所有权暂时转让给债权人,债权人成为形式上的所有人;②为使担保人保持对担保标的物的使用效益,债权人往往与担保人签订标的物的借用或租赁合同,由担保人使用担保标的物;③债务人履行债务后,债权人应返回标的物所有权;④在债务人未偿还债务时,债权人并不是当然地取得担保标的物所有权,而是进行清算。清算分为两种:一是归属清算型,对标的物进行评估,超出债务价值

---

① 参见《最高人民法院关于适用〈中华人民共和国民法典〉有关担保制度的解释》第 68 条第 1 款:债务人或者第三人与债权人约定将财产形式上转移至债权人名下,债务人不履行到期债务,债权人有权对财产折价或者以拍卖、变卖该财产所得价款偿还债务的,人民法院应当认定该约定有效。当事人已经完成财产权利变动的公示,债务人不履行到期债务,债权人请求参照《民法典》关于担保物权的有关规定就该财产优先受偿的,人民法院应予支持。第 68 条第 2 款:债务人或者第三人与债权人约定将财产形式上转移至债权人名下,债务人不履行到期债务,财产归债权人所有的,人民法院应当认定该约定无效,但是不影响当事人有关提供担保的意思表示的效力。当事人已经完成财产权利变动的公示,债务人不履行到期债务,债权人请求对该财产享有所有权的,人民法院不予支持;债权人请求参照《民法典》关于担保物权的规定对财产折价或者以拍卖、变卖该财产所得的价款优先受偿的,人民法院应予支持;债务人履行债务后请求返还财产,或者请求对财产折价或者以拍卖、变卖所得的价款清偿债务的,人民法院应予支持。

部分由债权人偿还给担保人,债权人取得所有权;二是处分清算型,由债权人将标的物予以变卖,将价款用于清偿债权,多余部分归属于担保人。

3.3.4.2　流押和流质的后果

在我国司法实务中,当事人通常会在担保合同中约定流押或流质条款,即当债务人不履行债务时,抵、质押权人可以直接取得抵、质押财产的所有权。不应简单认定流押和流质担保形式无效,尤其不应依据有关流押或流质之禁止规定认定担保合同无效。虽然流押和流质条款无效,但是抵、质押权仍然成立,即使抵、质押合同未约定债务不能清偿时具体的清算办法,仍可基于《民法典》的相关规定,认定债权人对相应标的物的优先受偿权。①

在让与担保的情况下也是如此,债权人和债务人有时候也会约定一旦债务人无法履行债务,则让与的财产归债权人所有。《有关担保制度的解释》第68条完全按照担保物权的处理方式进行了明确规定。

(1)债务人或者第三人与债权人约定将财产形式上转移至债权人名下,债务人不履行到期债务,债权人有权对财产折价或者以拍卖、变卖该财产所得价款偿还债务。此时,该约定有效,且如果当事人已经完成了财产权利变动的公示,债务人不履行到期债务,债权人请求参照《民法典》关于担保物权的有关规定就该财产优先受偿。

(2)债务人或者第三人与债权人约定将财产形式上转移至债权人名下,债务人不履行到期债务,财产归债权人所有的,该约定认定为无效,但是不影响当事人有关提供担保的意思表示的效力。如果当事人已经完成财产权利变动的公示,债务人不履行到期债务,债权人无权请求对该财产享有所有权;但是,债权人可以请求参照《民法典》关于担保物权的规定对财产折价或者以拍卖、变卖该财产所得的价款优先受偿。此外,债务人履行债务后有权请求返还财产,或者请求对财产折价或者以拍卖、变卖所得的价款清偿债务。

(3)实践中,当事人经常约定将财产转移至债权人名下,一定期间后再由

---

① 参见《民法典》第401条:抵押权人在债务履行期限届满前,与抵押人约定债务人不履行到期债务时抵押财产归债权人所有的,只能依法就抵押财产优先受偿。参见《民法典》第428条:质权人在债务履行期限届满前,与出质人约定债务人不履行到期债务时质押财产归债权人所有的,只能依法就质押财产优先受偿。

债务人或者第三人溢价回购，如果债务人未履行回购义务，财产归债权人所有。此种约定符合让与担保的特征。但是，如果经审查，当事人约定的回购标的自始不存在，由于缺乏担保财产，应当按照实际构成的法律关系处理。

此外，在股权让与担保的情形下，债权人虽名义上被登记为股东，但其目的在于担保债权的实现，故即使原股东存在出资不足或者抽逃出资的情况，债权人也不对此承担连带责任。

第二部分

融资担保实务

第4章
融资担保公司的设立及监管

全国首家综合性担保公司是1993年成立的中国经济技术投资担保有限公司,之后随着政府对发展中小企业信用担保体系的要求,各类中小企业担保机构逐渐发展起来。但当时担保行业缺乏相对统一的准入要求和经营规范,融资担保公司仅作为普通的工商企业进行注册管理,直到2010年3月,中国银行业监督管理委员会等七部委联合发布《融资性担保公司管理暂行办法》(简称《管理暂行办法》)及8个配套文件,规定了融资担保机构的设立条件、业务规范、监管规则和法律责任等,为规范融资担保机构的自身运作、加强持续有效的监管提供了制度依据。2017年8月,国务院公布《融资担保公司监督管理条例》(简称《监督管理条例》),从设立、变更和终止以及经营规则、监督管理、法律责任等方面加强了对融资担保公司的管理。

4.1 融资担保公司的设立条件

融资担保公司的业务具有金融属性。根据《监督管理条例》,设立融资担保公司,除了符合《公司法》的规定,即股东符合法定人数,有公司名称、章程、住所,建立符合要求组织机构外,还须具备下列条件:

(1) 股东信誉良好,最近3年无重大违法违规记录。

(2) 注册资本不低于人民币2 000万元,且为实缴货币资本。

（3）拟任董事、监事、高级管理人员熟悉与融资担保业务相关的法律法规，具有履行职责所需的从业经验和管理能力。

（4）有健全的业务规范和风险控制等内部管理制度。

此外，从事再担保业务的融资性担保公司注册资本应当不低于人民币1亿元，并连续营业2年以上。

《监督管理条例》对融资担保公司的实缴注册资本的要求从《管理暂行办法》规定的不低于500万元人民币，提高到了2 000万元。同时，《监督管理条例》还规定，省、自治区、直辖市根据本地区经济发展水平和融资担保行业发展的实际情况，可以提高前述的注册资本最低限额。从大部分省级政府制定的相关实施细则来看，对融资担保公司实缴注册资本的要求远高于上述标准。

此外，融资担保公司跨省、自治区、直辖市设立分支机构，应当具备下列条件，并经拟设分支机构所在地监督管理部门批准：

（1）注册资本不低于人民币10亿元。

（2）经营融资担保业务3年以上，且最近2个会计年度连续盈利。

（3）最近2年无重大违法违规记录。

以上海为例：

（1）实缴注册资本。设立融资担保公司的最低注册资本为人民币2亿元，且为实缴货币资本。

（2）股东资质。除了对注册资本的要求外，上海对股东也有一定的要求。股东分为主发起人和一般发起人。主发起人应为1～2个企业法人或自然人，主发起人需要有一定的经济实力，具备持续出资能力，并且达到一定的持股比例。

主发起人为企业法人的，应当具备以下条件：管理规范、信用良好、实力雄厚；持续经营3年以上，最近连续2个会计年度盈利，近3年累计净利润在1 000万元以上，资产负债率不高于70%，净资产不低于5 000万元，原则上实施本项投资后长期投资额不超过净资产的60%。

主发起人为自然人的，应当具备以下条件：拥有发起出资的经济实力，具有一定的实业背景并在所在行业具有一定影响力，能够出具相应的有效证明；无重要不良信用记录，无重大不良从业记录和无违法犯罪记录等。

一般发起人应当具有一定的行业背景、持续的出资能力以及风险承受能力,原则上出资额不低于 500 万元。

(3) 持股比例。由单个企业法人作为主发起人发起组建的,持股比例原则上不低于 30%;由 2 个企业法人作为主发起人发起组建的,持股比例原则上各不低于 20%;由自然人作为主发起人发起组建的,应当持有适当比例的股权。

(4) 融资担保公司从事再担保和债券发行担保的特殊要求。注册资本不低于人民币 3 亿元;连续经营 2 年以上;近 2 年无违法、违规和其他不良记录。

除上述要求外,融资担保公司的董事、监事、高级管理人员应当具有符合部际联席会议规定的资格,遵纪守法、诚实守信,具有与担任职务相适应的专业知识、工作经验和组织管理能力。从业人员应当参加融资担保方面的专业培训,具有与担任职务相适应的专业技能,有良好的合法合规意识和审慎经营意识。

(5) 设立分支机构的特殊要求。在上海市注册设立的融资性担保公司拟在市内外设立分支机构的,应当符合以下条件:注册资本不低于人民币 10 亿元;持续经营 3 年以上,且最近连续 2 个会计年度盈利;最近 2 年无重大违法违规记录。

需要说明的是,除了以公司制形式存续的融资担保公司外,还有公司制以外的融资担保机构,例如,以"担保中心"命名的事业单位性质的担保机构。这类担保机构参照融资担保公司的设立标准,由省级政府另行制定相关细则。

4.2　融资担保公司的设立程序

《监督管理条例》规定了申请设立融资担保公司的程序:应当向监督管理部门提交申请书和证明其符合规定条件的材料,监督管理部门应当自受理申请之日起 30 日内作出批准或者不予批准的决定;决定批准的,颁发融资担保业务经营许可证,不予批准的,书面通知申请人并说明理由;经批准设立的融资担保公司由监督管理部门予以公告。各地根据该条例制定了地方细则,具体规范融资担保公司的设立。

仍以上海为例。

设立融资性担保公司,应当由主发起人向拟注册所在区金融工作部门提交申请材料。申请材料应当包括:

(1)申请书。申请书载明拟设立融资性担保公司的名称、住所、注册资本和业务范围等事项。

(2)可行性研究报告。

(3)章程草案。

(4)股东名册及其出资额、股权结构。

(5)股东出资的验资证明、股东的资信证明和有关资料。

(6)拟任董事、监事、高级管理人员的简历和资格证明。

(7)经营发展战略和规划。

(8)营业场所证明材料。

(9)其他需要提交的文件和资料。

开展融资性担保业务管理工作的区金融工作部门按照要求,对上述申请材料进行预审,预审通过后,将申请材料和预审意见报市委金融办。市委金融办征求市联席会议有关成员单位意见后,认为符合有关规定要求的,出具同意筹建的文件。

申请人应当在取得市委金融办同意筹建文件之日起6个月内,完成筹建工作。在规定期限内未完成筹建工作的,应当说明理由,经拟注册所在区县主管部门审核并报经市委金融办同意后,可适当延长。在延长期内仍未完成筹建工作的,市委金融办出具的同意筹建文件自动失效。

筹建机构不得从事任何融资性担保业务活动。

申请人完成筹建工作后,应当书面报请区县主管部门对筹建工作进行预验收。预验收通过后,区县主管部门书面报请市委金融办对筹建工作进行正式验收。正式验收通过后,市委金融办批复融资性担保公司筹建验收合格,并颁发经营许可证。经批准筹建验收合格的融资性担保公司应当持批准文件及经营许可证,向工商部门申请注册登记。

融资性担保公司自取得经营许可证之日起3个月内,无正当理由未向工商部门办理注册登记手续的,市委金融办颁发的经营许可证自动失效。

区县主管部门和市委金融办对申请材料的具体审批时限,应当符合《行政许可法》有关规定。

4.3 融资担保公司的经营规则

4.3.1 经营范围

《监督管理条例》规定:除经营借款担保、发行债券担保等融资担保业务外,经营稳健、财务状况良好的融资担保公司还可以经营投标担保、工程履约担保、诉讼保全担保等非融资担保业务以及与担保业务有关的咨询等服务业务。可见,融资担保公司的经营范围分为三类:一是融资担保业务,包括借款担保、发债担保和其他类担保;二是非融资担保业务,包括投标担保、工程履约担保及诉讼保全担保;三是与担保业务有关的咨询服务业务。同时,符合条件的融资性担保公司可以开展再担保业务。

在融资性担保机构中,有一类比较特殊的融资担保机构——政府性融资担保机构,这类担保机构是政府及其授权机构出资并实际控股,以服务小微企业和"三农"主体为主要经营目标的融资担保、再担保机构。其业务范围严格以小微企业和"三农"融资担保业务为主业,支持符合条件的战略性新兴产业项目。重点支持单户担保金额 500 万元及以下的小微企业和"三农"主体,优先为贷款信用记录和有效抵质押品不足但产品有市场、项目有前景、技术有竞争力的小微企业和"三农"主体融资提供担保增信(小微企业认定标准按照中小企业划型标准[①],农户认定标准按照支持小微企业融资税收政策有关

---

① 参见工信部联企业〔2011〕300 号文的规定:中小企业划分为中型、小型、微型 3 种类型,具体标准根据企业从业人员、营业收入、资产总额等指标,结合行业特点制定。本规定适用的行业包括:农、林、牧、渔业,工业(包括采矿业,制造业,电力、热力、燃气及水生产和供应业),建筑业,批发业,零售业,交通运输业(不含铁路运输业),仓储业,邮政业,住宿业,餐饮业,信息传输业(包括电信、互联网和相关服务),软件和信息技术服务业,房地产开发经营,物业管理,租赁和商务服务业,其他未列明行业(包括科学研究和技术服务业,水利、环境和公共设施管理业,居民服务、修理和其他服务业,社会工作,文化、体育和娱乐业等)。

规定执行①）。

4.3.2 经营规范

4.3.2.1 融资担保公司经营规则

应当按照审慎经营原则，建立健全融资担保项目评审、担保后管理、代偿责任追偿等方面的业务规范以及风险管理等内部控制制度；应当建立健全信息披露制度，完善信息披露流程。应当按照国家有关规定提取相应的准备金。自有资金的运用，应当符合国家有关融资担保公司资产安全性、流动性的规定。

4.3.2.2 融资担保公司禁止行为

存贷款的禁止：不得吸收存款或者变相吸收存款；不得自营贷款或者受托贷款。

受托投资的禁止：不得受托投资。

关联交易的禁止：不得为其控股股东、实际控制人提供融资担保，为其他关联方提供融资担保的条件不得优于为非关联方提供同类担保的条件。融资担保公司为关联方提供融资担保的，应当自提供担保之日起30日内向监督管理部门报告，并在会计报表附注中予以披露。

政府性融资担保机构禁止行为的特殊规定：不得偏离主业盲目扩大业务范围；不得为政府债券发行提供担保；不得为政府融资平台融资提供增信；不得向非融资担保机构进行股权投资。

4.3.2.3 融资担保公司内部控制制度

内部控制制度是公司为实现经营目标，通过制订和实施一系列制度、程

---

① 农户是指长期（1年以上）居住在乡镇（不包括城关镇）行政管理区域内的住户，还包括长期居住在城关镇所辖行政村范围内的住户和户口不在本地而在本地居住1年以上的住户，以及国有农场的职工。位于乡镇（不包括城关镇）行政管理区域内和在城关镇所辖行政村范围内的国有经济的机关、团体、学校、企事业单位的集体户，以及有本地户口但举家外出谋生1年以上的住户，无论是否保留承包耕地均不属于农户。农户以户为统计单位，既可以从事农业生产经营，也可以从事非农业生产经营。

序和方法,对风险进行事前防范、事中控制、事后监督纠正的动态机制和过程。内控制度的建立,有助于确保法律、法规、规章和公司内部规章制度的贯彻执行;确保公司业务记录、财务信息和其他管理信息的真实、准确、完整和及时,以及公司风险管理体系的有效性,从而实现公司经营目标和发展战略。

融资担保行业经营的是信用,管理的是风险,承担的是责任,其高风险性为全世界公认。因此,融资担保公司建立完善内控制度,对防范风险尤为重要。

1) 内部控制制度应遵循的主要原则

(1) 全面性原则。内部控制应当贯穿公司的各项业务流程和各个操作环节,覆盖所有的部门和岗位,并由全体人员参与,任何决策或操作均应有案可查。

(2) 重要性原则。内部控制应当在全面控制的基础上,关注重要业务和高风险事项。

(3) 制衡性原则。内部控制应当在治理结构、机构设置及权责分配、业务流程等方面相互制约、相互监督,同时兼顾运营效率。内部控制的监督、评价部门应当独立于内部控制的建设、执行部门,并有直接向董事会、监事会和高级管理层报告的渠道。

(4) 适应性原则。内部控制应当与公司经营规模、业务范围、竞争状况和风险水平等相适应,并随着情况的变化及时加以调整。

(5) 成本效益原则。内部控制应当权衡成本与效益,以合理的成本实现有效控制。

2) 融资担保公司内部控制制度的主要方面

(1) 内部控制职责。融资担保公司应当明确划分董事会、监事会、高级管理层之间、相关部门之间、岗位之间、上下级机构之间的职责,建立职责清晰、相互监督制约的机制。融资担保公司应当对项目审批实行统一的法人授权制度,明确规定项目审批人的权限和审批程序,严格按照权限和程序审批业务。融资担保公司各个部门和岗位应当有正式、成文的岗位职责说明和清晰的报告关系。

（2）业务活动的内部控制。融资担保公司应当制订和完善全面、系统、成文的业务政策和相关管理制度,明确规定融资性担保的对象、范围、方式、条件、程序、担保限额以及禁止担保等事项,规范项目受理、评审、审批、签约承保、保后监管、代偿、追偿等全部业务环节的工作流程、操作规则和运行机制。

（3）内部控制的监督与纠正。融资担保公司应当建立内部控制报告、评价和纠正的机制,对内部控制的制度建设以及执行情况定期进行回顾和评价,并根据国家相关规定、组织结构、经营状况、市场环境的变化进行修订和完善。业务部门、内审部门及其他相关部门和人员应当经常对各项业务经营状况进行检查,及时发现内部控制存在的问题,并应当有畅通的报告渠道和迅速有效的纠正措施。建立有效的信息交流和反馈机制,确保董事会、监事会、高级管理层及时了解公司的经营和风险状况,确保有关信息能够在相关部门和员工中顺畅传递和反馈。

4.3.2.4 重大风险报告制度

重大风险事件实行属地管理,对可能严重危及融资担保机构正常经营、偿付能力和资信水平,影响地区金融秩序和社会稳定的事件,融资担保公司应当立即采取应急措施并在 24 小时内向监管部门报告。

重大风险事件包括以下情形:

（1）融资担保机构引发群体事件的。

（2）融资担保机构发生担保诈骗、金额可能达到净资产5％以上的担保代偿或投资损失的。

（3）融资担保机构重大债权到期未获清偿致使流动性困难,或已无力清偿到期债务的。

（4）融资担保机构主要资产被查封、扣押、冻结的。

（5）融资担保机构因涉嫌违法违规被行政机关、司法机关立案调查的。

（6）发现融资担保机构主要出资人虚假出资、抽逃出资或主要出资人对公司造成其他重大不利影响的。

（7）3 个月内,融资担保机构董事会、监事会或高级管理层中有 1/2 以上辞职的。

（8）融资担保机构主要负责人失踪、非正常死亡或丧失民事行为能力的，或被司法机关依法采取强制措施的。

（9）监管部门要求报告的其他情况。

此外，《监督管理条例》从担保责任余额的计量、担保放大倍数、集中度等方面规范了融资担保的经营（详见后文"四项配套制度的主要内容"）。

4.4　融资担保公司的监管

我国融资担保行业在较快发展的同时，也暴露出经营行为不规范、不审慎，以及监督管理不到位等问题。基于融资担保公司的金融属性，为防范风险，保障融资担保行业的可持续发展，需要政府加以严格监管。从融资担保公司的监管历程来看，经过了从无到有、从缺乏相对统一的监管到形成宏观审慎监管体系的过程。从 2010 年的《管理暂行办法》到 2017 年的《监督管理条例》，对融资担保公司的监督管理，从中央到地方，各司其职；制度建设、督促指导、日常监管层次分明，有机结合。如何明晰权责，构建高效的融资担保公司监管体制，将监管落到实处，发挥有效功能，是实践中需检验的问题。

4.4.1　《监督管理条例》的监管规定

融资担保公司的监督管理体制分为中央和地方两个层面。

中央层面主要负责制度建设、督促指导等，具体通过联席会议机制来实施。国务院建立融资性担保业务监管部际联席会议，负责拟订融资担保公司监督管理制度，协调解决融资担保公司监督管理中的重大问题，督促指导地方人民政府对融资担保公司进行监督管理和风险处置。日常监督管理则在地方层面，按照《监督管理条例》，省级人民政府确定的部门负责对本地区融资担保公司的监督管理，省级人民政府负责制定促进本地区融资担保行业发展的政策措施，处置融资担保公司风险，督促监督管理部门严格履行职责。

为强化对融资担保公司的监督管理，《监督管理条例》主要从三个方面做了规定：

一是明确监管部门的主要职责，包括建立健全监督管理工作制度，运用大数据等现代信息技术手段实时监测风险，加强对融资担保公司的非现场监管和现场检查，并与有关部门建立监督管理协调机制和信息共享机制；根据融资担保公司的不同情况实施分类监督管理；建立健全融资担保公司信用记录制度；会同有关部门建立融资担保公司重大风险事件的预警、防范和处置机制，制订融资担保公司重大风险事件应急预案。

二是规定了具体监管措施，包括：对融资担保公司进行现场检查并采取相应措施；与其董事、监事、高级管理人员进行监督管理谈话；发现融资担保公司的经营活动可能形成重大风险的，可以责令其暂停部分业务，限制其自有资金运用的规模和方式，责令其停止增设分支机构等。

三是规定了融资担保公司应当遵守的监管要求，包括按照要求向监管部门报送经营报告、财务报告以及其他有关文件和资料，报告跨省域开展业务的情况；发生重大风险事件立即采取应急措施并及时向监督管理部门报告等。

此外，为严格责任追究，《监督管理条例》还对未经批准擅自设立融资担保公司或者经营融资担保业务，以及违反融资担保公司经营规则和监督管理要求的行为规定了相应的法律责任。

4.4.2 《监督管理条例》4项配套制度的主要内容

为配合《监督管理条例》的实施，2018年4月，中国银行保险监督管理委员会（简称银保监会）等融资性担保业务监管部际联席会议成员单位联合发布了《融资担保公司监督管理条例》4项配套制度。4项配套制度包括《融资担保业务经营许可证管理办法》（简称《经营许可证管理办法》）、《融资担保责任余额计量办法》（简称《责任余额计量办法》）、《融资担保公司资产比例管理办法》（简称《资产比例管理办法》）、《银行业金融机构与融资担保公司业务合作指引》（简称《银担合作指引》）。4项配套制度的发布和实施有利于进一步规范融资担保公司的经营行为，促进融资担保行业稳健运行，更好地支持普惠金融发展，促进小微企业和"三农"等普惠领域资金融通。

4.4.2.1　业务经营许可证管理的主要内容

融资担保业务经营许可证是指监督管理部门依法颁发的特许融资担保公司经营融资担保业务的法律文件。融资担保公司取得融资担保业务经营许可证后,才能向有关市场监督管理机关申请办理注册登记,因此,获得经营许可证是融资担保公司开展业务的基础条件。《经营许可证管理办法》规定的经营许可证管理主要包括以下内容。

(1) 经监管部门批准后颁发、换发融资担保业务经营许可证的事项有:融资担保公司的设立、合并、分立,减少注册资本。

(2) 向监管部门备案并换发融资担保业务经营许可证的事项有:融资担保公司变更名称、营业地址、业务范围,增加注册资本。

(3) 应按期向监管部门交回融资担保业务经营许可证的事项有:融资担保业务许可被撤销、被撤回的;融资担保业务经营许可证被吊销的;融资担保公司解散、被依法宣告破产的;监管部门规定的其他情形。

(4) 融资担保业务经营许可证载明的内容有:机构名称、注册资本、营业地址、业务范围、许可证编号、发证机关及公章(监督管理部门及公章)、颁发日期。

(5) 政府设立的融资担保基金、信用保证基金等申领融资担保业务经营许可证,参照《经营许可证管理办法》执行。

4.4.2.2　担保责任余额计量的主要内容

为了规范融资担保公司经营活动,防范融资担保业务风险,准确计量融资担保责任余额,"银保监会"等融资性担保业务监管部际联席会议成员单位根据《监督管理条例》制定了《责任余额计量办法》,对融资担保业务进行了分类;根据国家政策导向和业务风险状况,对不同类别的融资担保业务设置相应的权重以计算担保责任余额,并明确了融资担保责任余额用于计算融资担保放大倍数和集中度等风险控制指标,体现了国家金融监管去杠杆、防风险,以及扶持小微企业和"三农"经济的政策导向。

1) 业务分类

《责任余额计量办法》将融资担保业务分为三类,如表 4-1 所示:

表 4-1　融资担保业务分类

第一类	借款类担保:为被担保人贷款、互联网借贷、融资租赁、商业保理、票据承兑、信用证等债务融资提供的担保
第二类	发行债券担保:为被担保人发行债券等债务融资提供的担保
第三类	其他融资担保:为被担保人发行基金产品、信托产品、资产管理计划、资产支持证券等提供担保

2) 风险权重及担保责任余额计量

融资担保责任余额是对融资担保公司风险承受能力的考量。根据《责任余额计量办法》的规定,融资担保责任余额,是指各项融资担保业务在保余额,按照本办法规定的对应权重加权之和。据此,对于每类业务的担保责任余额的计算方式为业务的在保余额乘以相应的权重。此外,对于按比例分担风险的融资担保业务,融资担保责任余额按融资担保公司实际承担的比例计算。担保业务风险权重如表 4-2 所示:

表 4-2　担保业务风险权重

风险权重比例/%	业务类型
30	住房置业担保业务(仅包括住房公积金贷款担保业务和银行个人住房贷款担保业务)
75	● 单户在保余额 200 万元人民币以下且被担保人为农户的借款类担保业务; ● 单户在保余额 500 万元人民币以下且被担保人为小微企业的借款类担保业务
80	被担保人主体信用评级 AA 级以上的发行债券担保业务
100	除上述以外的其他融资担保业务

注:"以上""以下"均含本数。

根据不同类型担保业务风险权重,融资担保责任余额的计量也不同,如表 4-3 所示:

表 4-3　不同类型担保业务风险权重的融资担保责任余额的计量

业务类型	担保责任余额计量公式
借款类担保	借款类担保责任余额＝单户在保额 500 万元人民币以下的小微企业借款类担保在保余额×75％＋单户在保额 200 万元人民币以下的农户借款类担保在保余额×75％＋其他借款类担保在保余额×100％
发行债券担保	发行债券担保责任余额＝被担保人主体信用评级 AA 级以上的发行债券担保在保余额×80％＋其他发行债券担保在保余额×100％
住房置业担保	住房置业担保责任余额＝住房置业担保在保余额×30％
其他融资担保	其他融资担保责任余额＝其他融资担保在保余额×100％
总计	融资担保责任余额＝借款类担保责任余额＋发行债券担保责任余额＋住房置业担保责任余额＋其他融资担保责任余额
备注	按比例分担风险的融资担保业务，实际融资担保责任余额＝公司融资担保责任余额×融资担保公司实际承担的比例

注："以上""以下"均含本数。

3）放大倍数和集中度

融资担保的放大倍数，是指融资担保责任余额相对担保资金或资产（净资产）的比例；集中度是指担保公司前几家最大客户的担保责任余额占总担保责任余额的比例，该指标反映了担保公司是否遵循风险分散的原则经营担保业务，用于对担保项目风险的分散程度或风险集中程度的评价。融资担保放大倍数和集中度是融资担保公司风险控制的重要指标，也是监管部门重要的监管指标。《责任余额计量办法》对放大倍数的规定如表 4-4 所示：

表 4-4　放大倍数规定

放大倍数	业务情况
10 倍	融资担保责任余额≤其净资产的 10 倍
15 倍	对小微企业和农户融资担保业务在保余额占比 50％以上且户数占比 80％以上的融资担保公司的融资担保责任余额≤净资产的 15 倍
备注	净资产应扣除对其他融资担保公司和再担保公司的股权投资

《责任余额计量办法》对集中度的规定如表 4-5 所示：

表 4-5 集 中 度 规 定

集中度	业务情况
≤净资产的10%	对同一被担保人的融资担保责任余额≤其净资产的10%
≤净资产的15%	对同一被担保人及其关联方的融资担保责任余额≤其净资产的15%
备注	● 对被担保人主体信用评级 AA 级以上的发行债券担保,计算集中度时,责任余额按在保余额的60%计算 ● 净资产应扣除对其他融资担保公司和再担保公司的股权投资

4.4.2.3 资产比例管理的主要内容

为引导融资担保公司专注主业、审慎经营,确保融资担保公司保持充足的代偿能力,《资产比例管理办法》将融资担保公司主要资产按照形态分为Ⅰ、Ⅱ、Ⅲ级,从优先保障资产流动性和安全性的角度,规定了各级资产比例,并对融资担保公司受托管理的政府性或财政专项资金在计算各级资产、资产总额和资产比例时予以扣除。

1) 资产分类

融资担保公司主要资产按照形态分为Ⅰ、Ⅱ、Ⅲ级,如表 4-6 所示:

表 4-6 融资担保中国资产分类

Ⅰ级资产	①现金;②银行存款;③存出保证金;④货币市场基金;⑤国债、金融债券;⑥可随时赎回或 3 个月内到期的商业银行理财产品;⑦债券信用评级 AAA 级的债券;⑧其他货币资金
Ⅱ级资产	①商业银行理财产品(不含可随时赎回或 3 个月内到期的商业银行理财产品项);②债券信用评级 AA 级、AA＋级的债券;③对其他融资担保公司或再担保公司的股权投资;④对在保客户股权投资 20%部分(包括但不限于优先股和普通股);⑤对在保客户且合同期限 6 个月以内的委托贷款 40%部分;⑥不超过净资产 30%的自用型房产
Ⅲ级资产	①对在保客户股权投资 80%部分以及其他股权类资产(包括但不限于优先股和普通股);②债券信用评级 AA－级以下或无债券信用评级的债券;③投资购买的信托产品、资产管理计划、基金产品、资产支持证券等;④对在保客户且合同期限 6 个月以内的委托贷款 60%部分,以及其他委托贷款;⑤非自用型房产;⑥自用型房产超出净资产 30%的部分;⑦其他应收款

2）资产比例管理

（1）资产比例应当根据融资担保公司非合并财务报表计算。这是为了避免融资担保公司利用设立、控股具有特殊管理意图的子公司，或者通过调整合并范围等手段来操纵监管指标。

（2）融资担保公司应当建立动态的资产比例管理机制，确保资产等各项风险指标符合规定比例。

（3）融资担保公司受托管理的政府性或财政专项资金在计算本办法规定的Ⅰ级资产、Ⅱ级资产、Ⅲ级资产、资产总额以及资产比例时应予扣除。

（4）资产比例 4 项控制指标如表 4 - 7 所示：

表 4 - 7　资产比例控制指标

融资担保公司净资产＋未到期责任准备金＋担保赔偿准备金≥资产总额×60%
Ⅰ级资产＋Ⅱ级资产≥（资产总额－应收代偿款）×70%
Ⅰ级资产≥（资产总额－应收代偿款）×20%
Ⅲ级资产≤（资产总额－应收代偿款）×30%

说明：准备金制度是对融资担保公司监管的一项重要内容，融资担保公司须提取 3 项准备金：未到期责任准备金，按照当年担保费收入的 50% 提取；担保赔偿准备金，按不低于当年年末担保责任余额 1% 的比例提取，累计达到当年担保责任余额 10% 的，实行差额提取；一般风险准备金，按本年实现净利润的 10% 提取。

4.4.2.4　银行业金融机构与融资担保公司业务合作的主要内容

为规范银行业金融机构与融资担保公司业务合作行为，维护双方的合法权益，《银担合作指引》明确了银担合作的基本原则，对银担双方在机构合作和业务操作流程方面提出了规范性要求，并就风险分担、保证金收取、代偿宽限期、信息披露等事项作出了规定。

1）银担合作的基本原则

《银担合作指引》明确银担合作遵循自愿原则、平等原则、公平诚信原则、合规审慎经营原则。银担合作双方应当根据国家政策导向，主动作为，加强合作，实现优势互补和互利双赢，在支持小微企业和"三农"发展方面承担起应有的社会责任。

2）机构合作规范

（1）合作准入要求。银行应当综合考量担保公司治理结构、资本金实力、风控能力、合规情况、信用记录等因素，科学、公平、合理地确定与担保公司合作的基本标准；禁止与违反法律法规及有关监管规定、已经或可能遭受处罚等情况的担保公司合作。

（2）合作制度化。银行应当就与担保公司合作制定专门的管理制度，明确内部职责分工和权限、合作标准、合作协议框架内容、日常管理、合作暂停及终止等内容。

银担合作双方应当以书面形式签订合作协议，明确双方的权利和义务。合作协议应当包括业务合作范围、合作期限、授信额度、风险分担、代偿宽限期、信息披露等内容。

银行应当根据合作协议约定，将与担保公司合作范围内的本行信贷政策、重点业务领域、重点业务品种、信贷业务操作流程等及时告知合作担保公司。银担合作双方应当在合作协议有效期内保持合作的持续性和稳定性，避免合作政策频繁调整。

担保公司应当及时、完整、准确地提供与银行合作的申报材料，并且应当根据合作协议约定按期向合作银行披露公司治理情况、财务报告、风险管理状况、资金本构成和资金运用情况、担保业务总体情况等信息、资料。

银担合作双方不得以任何理由和任何形式向对方收取合作协议、保证合同约定以外的其他费用。

（3）担保额度。银行应当依据担保公司的资信状况，合理确定担保公司的担保额度。

（4）风险分担。鼓励银担合作双方本着互利互惠、优势互补的原则合理分担客户授信风险，双方可约定各自承担风险的数额或比例。

（5）代偿宽限期。客户债务违约后银行可给予担保公司一定的代偿宽限期。宽限期内，银担合作双方均应督促债务人履行债务。

（6）对小微企业和"三农"的支持。银行应当积极改进绩效考核和风险问责机制，在业务风险可控的基础上，提高对小微企业和"三农"融资担保贷款的风险容忍度。银担合作双方应当采取措施切实降低小微企业和"三农"融资成本。

3）业务操作规范要求

（1）客户的推荐和受理。银行和担保公司可分别受理客户申请或互相推荐客户。客户的选择应当符合国家产业政策和银行信贷政策。

（2）独立审批。银行和担保公司应当按照信贷条件和担保条件，各自对拟合作的客户进行独立的调查和评审，任何一方不得进行干预。

（3）风险预警及化解。授信业务持续期间，银担合作双方应当按照要求对客户实施贷（保）后管理，及时共享客户运营情况及风险预警信息，共同开展风险防范和化解工作。

（4）代偿及催收。客户未能按期归还银行资金的，银行应当立即通知担保公司。银担合作双方均应在代偿宽限期内进行催收，督促客户履约。

担保公司代偿后，银行应当向担保公司出具代偿证明及担保责任解除的书面文件。银担合作双方约定风险分担的，任何一方追索债权获得的资金，应当在扣除追偿费用后按约定的风险分担比例进行分配。

第**5**章
融资担保业务的操作①

融资担保公司担保业务的操作涉及操作流程以及各环节的衔接配合。一般融资担保业务的操作流程是:客户②提出担保申请、担保项目受理、业务初审和评审、签订有关担保合同、落实反担保措施、担保费用收取、发放贷款、保后管理、代偿和追偿、担保终结。

5.1 业务的受理

5.1.1 委托担保的申请

一般来说,融资担保公司会根据业务的不同类型制定担保对象的基本准入标准,符合准入标准的担保对象可以提出委托担保申请,一般以填写《委托担保申请表》的方式提出,同时提交规定的材料,以便担保公司进入初审阶段。

5.1.1.1 担保对象

融资担保的主要对象为经市场监督管理机关核准登记的企业法人、其他

---

① 本章由陈贝也编著。本部分融资担保业务的受理、审核、合同的签订、保后、代偿追偿是针对单笔融资担保项目所涉及的操作流程。本部分担保业务审核内容参考部分融资担保公司资料。

② 客户是指向融资担保公司提出担保申请的企(事)业法人、其他组织或自然人。

经济组织和个人。融资担保公司会根据自己的业务特点，对担保对象提出不同的准入要求。比如，有的融资担保公司不开展个人类贷款担保业务；有的融资担保公司只针对一定地域范围内的企业开展担保业务，特别是政府性融资担保公司，基于政府政策扶持性质，只对本地的中小微企业提供融资担保，不涉及超出本地范围的企业。

5.1.1.2　基本要求

一般来说，融资担保公司对担保对象的基本准入标准会规定得比较原则，而针对不同类别的业务有更为具体的评审标准。基本准入标准主要有：经市场监督管理机关注册，独立核算，自负盈亏，具有独立法人资格；具有符合法定要求的注册资本金，具有一定的经营管理水平，财务会计核算规范；经营 1 年以上，通过最近 1 年工商年检；依法进行税务登记，依法纳税；符合国家产业政策；无重大不良信用记录；能提供一定的反担保。

有的融资担保公司对担保对象的准入采取列举负面清单的方式，对负面清单内的担保对象不准入。例如，有的政府性融资担保机构规定：房地产投资与开发企业，娱乐行业如夜总会、卡拉 OK、美容、会员俱乐部等，金融业或经营融资业务的企业，包括小贷公司、典当行、拍卖行、融资担保公司、融资（金融）租赁公司等为不准入行业。同时，企业不能做到依法经营，企业或企业法定代表人、实际控制人（或主要股东）近 2 年曾有严重不良信用记录等情况，企业有涉及影响债务偿付能力的未决诉讼情况的，也列入不予担保的范围。

若个人申请担保，须符合以下条件：完全民事行为能力人，且在中国境内有住所；个人信用情况良好，无违法犯罪记录，本人及配偶未有数额较大的负债；有稳定合法的收入来源；借款用途符合银行信贷投向要求，能提供一定的反担保。

担保对象的基本准入标准与担保公司的机构性质、运营宗旨、业务类型、风险容忍度密切相关，明确基本准入标准，可以进一步明确担保公司的服务对象，提高工作效率。同时，准入标准不是一成不变的，是动态调整的，需结合宏观经济形势变化，以及担保公司业务开展的实际情况，如在保余额、风险代偿率等数据指标灵活制定。

5.1.2　材料提交

5.1.2.1　应提交的材料（企业客户）

企业客户申请融资担保首先要向融资担保公司提交《委托担保申请表》，其内容包括企业基本情况、借款用途、提供的反担保方式、还款计划、首保还是续保等；同时需要提交相关材料，并对材料的真实性负责。提交的材料一般包括：

1）申请企业资料

（1）法人营业执照。

（2）企业信用调查报告。

（3）法定代表人身份证及信用调查报告。

（4）贷款卡。

（5）公司章程及申请融资的相关决议。

（6）当期财务报表和近3年审计报告。

（7）与借款用途有关的资料：购销合同、合作协议、政府批文等。

（8）企业资产实力证明和所在行业影响力证明。

（9）其他有关资料。

2）反担保人资料

反担保人是企业的，与借款企业提交的资料相同；反担保人是自然人的，要提交：

（1）身份证明。

（2）户口本资料。

（3）个人财产清单及承诺。

3）反担保物资料（若有）

（1）抵押物、质押物清单。

（2）抵押物、质押物权利凭证。

（3）抵押物、质押物评估资料。

（4）保险凭证（若有）。

（5）抵押物和质押物的权利人在工商部门备案的章程，股东会或董事会同意抵押、质押的决议。

（6）抵押物、质押物为共有的，提供全体共有人同意抵押或质押的声明。

（7）抵押物、质押物为海关监管的，提供海关同意抵押或质押的证明。

（8）抵押物、质押物权利人为国有企业的，提供主管部门及国有资产管理部门同意抵押或质押的证明。

（9）其他有关材料。

如果申请人是个人，申请人资料需提交身份证明、户口本资料及信用调查报告、个人财产清单及承诺、与借款用途有关的资料等，其他反担保人资料、反担保物资料（若有）与企业申请人相同。

需注意的事项：提供的材料除提供复印件外，同时应提供原件备验；复印件应加盖公章；法定代表人授权委托需法定代表人亲笔签字授权。

5.2　业务的审核

担保业务在受理之后，进入业务的审核阶段，包括初审、评审和决策。

5.2.1　业务评审标准的拟定

在业务受理阶段，提出委托担保申请的客户，须符合基本的准入标准，才能被受理。项目受理之后进入初审和评审阶段，需符合业务的评审标准。融资担保公司会根据不同的业务类型拟定不同的评审标准，对不同时间阶段的同一业务类型，会根据该时期的宏观经济形势等因素，对评审标准予以调整。不同的融资担保公司对同一类型的业务，由于风险控制的理念和业务偏好的不同，拟定的评审标准也会不同。业务的评审标准一般由融资担保公司的风险控制部门会同业务部门拟定，风险控制部门会根据公司的担保业务规模、不同类别业务的规模、风险代偿率的情况制订每年的风险策略，同时根据风险策略对每类业务的承做规模作出规定，并对业务评审标准根据实际需求进行调整。具体业务的评审标准举例如下。

例如,对房地产类担保业务,准入标准为:

(1) 关于担保申请人或其实际控制人、重要关联公司:

①经市场监督管理机关核准登记的企(事)业法人,实行独立核算,未被"全国企业信用信息公示系统"载入经营异常名录或列入严重违法企业名单;②贷款卡信息查询显示没有逾期未清偿的债务;③未发现有未执行完毕的对项目有重大不利影响的诉讼/仲裁案件;④未发现有涉嫌刑事犯罪被立案调查的情况。

(2) 抵押物权属清晰,能合法办理抵押登记,抵押权的设立和行使不存在法律障碍。

不能满足上述准入要求,则项目不予承接。

评审标准为:

(1) 关于交易对手,融资企业、其控股股东或其实际控制人应具备房地产二级及以上开发资质,应具备一定的收入规模和现金流,应优先选择房地产百强企业、上市公司、区域龙头企业或实力雄厚、融资渠道畅通的房地产业务占比较高的国有企业,经营能力缺乏可持续性的中小房地产企业需审慎承接。对于融资主体自身项目去化情况不确定的,应设置其他的保障措施。

(2) 关于抵押物,抵押土地闲置不超过两年且地上不存在烂尾或涉及拆迁问题,并充分考虑市场交易趋冷条件下抵押物变现的处置风险及成本。在房地产市场分化趋势下,应审慎进行抵押物价值认定,直接采用客户委托评估机构出具评估结果的,应了解评估机构相关资质并对评估目的及评估价值的合理性进行分析判断。

(3) 除上述统一标准外,针对不同类型房地产项目,分别设置细分评审标准。

其一,对于住宅项目:交易对手应选择具有丰富开发经验的开发商。

用款项目区域及作为第一还款来源的项目区域应优选一线城市及优质二线城市项目,审慎承接二线城市核心区域或都市圈卫星城项目,严格审慎承接三四线城市及经济欠发达地区项目。

抵押物要求:对于抵押物为住宅性质的土地、在建工程或房产,位于一二线城市的抵押率原则上不高于50%,位于三四线城市及经济欠发达地区的价值评估和抵押率计算上应更加保守。

其他要求:对于传统住宅项目,要求作为还款来源项目的去化能力良好;对于涉及高端住宅项目,以更加审慎的态度进行操作。

其二,对于非住宅类地产:交易对手应选择具有良好招商能力和营运能力的开发商。

用款项目区域及作为第一还款来源的项目区域:办公项目,首选一线城市,如涉及其他城市,需对当地人口经济、办公市场供需状况等进行分析,提供强有力的信息支持;商业项目,需位于一线城市或优质二线城市的核心区域。

抵押物要求:对于抵押物为商业性质的土地、在建工程或房产,应位于一线城市或优质二线城市的核心区域,且抵押率不高于 50%。

其他要求:对于涉及特殊商业以及专属用途工业地产等项目,以更加审慎的态度进行操作。

又如,对在股交所挂牌企业的专项融资产品的评审标准为:

(1) 企业成立满 3 年,且已在股交所挂牌。

(2) 已完成股份制改造,股份的发行、转让合法合规。

(3) 公司治理结构健全、清晰,公司治理机构有效运行,在经营和管理上具备风险控制能力。

(4) 上年度纳税销售收入在 1 000 万元以上。

(5) 企业及其实际控制人信用记录良好。

(6) 公司具有所处行业从事生产经营所需要的资质、许可、认证、特许经营权等,不存在相关资质将到期而无法续期的情况。

(7) 企业主营业务清晰,具备持续经营能力且运作规范。

(8) 能够按股交所的规定及时、完整地披露各项信息。

(9) 授信额度最高不超过 500 万元(含),原则上企业流动资金贷款合计不超过上年度销售收入的 40%(含本笔)。

(10) 反担保方式:借款企业实际控制人或主要自然人股东提供全额个人无限连带责任保证反担保。

5.2.2 业务初审

担保业务初审主要包括资料审核、实地调查、间接调查,以获取客户及反担保人真实、全面的信息。

5.2.2.1 资料审核

资料审核是担保业务初审的开始阶段,由业务部门负责。主要是对申请担保的客户提供的资料,以及相关的财税部门、管理部门、金融机构、供应商等处获取的信息进行搜集、整理和审核,以确定这些信息的有效、完整和真实性。资料审核要点包括:

(1)按要求提供的材料是否齐全、有效,要求提供的原件是否为原件,复印件是否和原件一致,复印材料是否加盖公章,各种文件是否在有效期内,应年检的是否已办理手续。

(2)有关文件的相关内容要核对一致,通过对企业成立批文、合同、章程、股东会决议、董事会决议等具体文件的审核,了解申请人和反担保人是否具备资格,对外借款是否通过内部审批程序。

(3)初步分析财务状况,记录疑点,以便实地调查核实。

(4)审核反担保人提供的反担保措施是否符合有关法律法规及有关抵押登记管理办法的规定,抵押物、质物的权属是否清晰,是否有权利瑕疵等。

5.2.2.2 实地调查

担保项目在资料审核完毕后,如果认为不符合担保公司评审要求的,客户也无法按担保公司的要求提供补充资料的,担保公司应及时告知客户,让客户及时寻求其他融资途径。如果通过资料审核的,根据担保公司的评审要求,需要对项目进行实地调查的,则进入实地调查的阶段。实地调查的重点是前期资料审核过程中需要进一步明确、补充、核实的地方以及发现的漏洞、疑点。担保项目的实地调查一般由公司业务部门主导,风控部门参与调查。

实地调查的要点包括:

(1)访问企业,会见有关当事人,了解企业发展背景、所在地域同业竞争情况、客户群体、销售和利润、资源的供应等情况;企业管理团队的整体素质

（文化程度、主要经历、技术专长、经营决策、市场开拓、遵纪守法等方面）；董监高的信用状况和能力。

（2）考察生产、经营场所，对企业的实际生产、经营情况作出判断，印证有关资料记载和有关当事人介绍的情况。

（3）对需要进一步核实的材料，要求企业提供原件核对。

（4）对财务报表调查审核，了解企业的主要会计政策，核查是否按会计准则记账；企业的财务内部控制制度是否完备并有效执行；通过采用抽查大项的方式，审核企业是否做到账表、账账、账证、账实四相符，核实资产、负债、权益是否有虚假；核查有保留意见的审计报告的保留意见部分；核查企业的或有损失和或有负债情况。

（5）查看抵押物、质押物。以房地产抵押的，应核查抵押物的面积、用途、结构、竣工时间、原价和净值、地段及周边环境等；以动产抵押、质押的，应察看、了解抵押物、质押物的规格、型号、质量、原价和净值、用途等；以汇票、本票、债券、存款单、仓单、提单等出质的，应察看权利凭证原件，辨别真伪，必要时请有关部门鉴定。

通过实地调查，可以对担保申请人的总体情况作出判断，对其提供的难以辨别真伪或有疑问的资料，应通过间接途径（比如市场监督、税务、海关等行政管理部门，会计师事务所、评估机构等专业服务机构，开户银行，上下游企业，媒体资讯）核查相关情况，进一步了解申请人的实力、信用、行业地位。

5.2.3　业务评审和决策

担保项目通过初审阶段的资料审核和调查后，进入业务的评审和决策阶段。在评审和决策阶段，首先要对业务作出综合分析，得出结论，然后按照担保公司的评审流程，形成评审意见，最终进行决策。

5.2.3.1　综合分析

综合分析由担保公司的业务部门负责完成，是在核实资料和调查的基础上，对已经获取的信息进行综合判断、分析、比较和评价，最终得出是否建议承做的结论。综合分析包含以下主要内容：

（1）分析、判断担保申请人的主体资格、清偿债务意愿以及是否能严格履行相关合同义务。

（2）分析担保申请人的还款能力，通过财务分析和现金流量分析，掌握担保申请人的财务状况和偿债能力，预测其未来发展趋势。

（3）分析担保申请人的产品在行业中的地位，产品经济寿命期，市场结构和市场竞争能力，以及市场风险程度。

（4）分析反担保人的担保资格和担保能力。重点分析反担保方式的可操作性；抵、质押是否合法合规；对抵、质押物进行分析，如变现难易程度、交易成本和价格的稳定性。

5.2.3.2 撰写项目报告

担保业务部门在对担保申请项目进行调查、综合分析的基础上，比照公司对该类业务的评审标准，得出对该项目是否建议承做的结论，并形成项目报告。项目报告是根据项目相关资料，经审慎调查、重点核实和综合分析后完成的，反映担保申请人及相关项目的有关信息及相应的分析判断，以及在上述分析基础上设计的项目方案的书面报告。项目报告的撰写主要包括项目基本情况、项目方案、项目相关人资信和用款项目分析、项目风险及对策、结论及建议。

（1）项目基本情况。须对项目申请人的名称、金额、期限、业务品种，涉及的行业和区域等作出披露。

（2）项目方案。这是项目报告的核心内容，应全面、系统地介绍和分析项目所涉的各项重要因素。主要包括融资合理性、项目交易结构、还款来源与计划安排、风险控制措施、主动管理措施、项目收入估算、项目代偿预案/逾期处理预案、项目承做前提要件、模式构成要素、关联方交易信息披露、项目需签署合同列表以及续做项目主要情况介绍等。

（3）项目相关人资信和用款项目分析。应对项目申请人、所属集团及与方案密切相关的重要关联方的资信情况进行详细分析。例如，对集团整体资信水平的分析包括集团的基本情况、发展情况、业务结构和经营情况、集团的组织架构、实际控制及管理情况、业务能力及发展规划、融资及财务情况等。

对与本项目密切相关的其他关联方的资信分析包括还款来源单位、信用反担保单位等。如果担保融资用于特定项目,项目未来收益作为还款来源的应对项目进行介绍,包括用款项目基本情况、合法性、投资估算、现金流预测情况、重要合作方等关键要素。具体要素需根据项目的特点进行分析。

(4) 项目风险及对策。结合项目的整体情况,对项目可能存在的主要风险及可以采取的风控对策进行系统的分析,最终确认项目的风险度及风控措施的有效性,应包括:结合项目整体情况,提炼和分析可能存在的主要风险,以及触发该风险的可能情况;针对各种风险和触发要件,主动进行风险管理,设置相应的风险控制措施;结合上述分析和设置的风险控制措施,分析其对项目申请人或相关方带来的违约成本,以及对公司的保障力度,综合评价各项风险控制措施的有效性;总结评价项目整体风险度,以及项目风险控制措施的有效性。

(5) 结论及建议。综合描述项目的特点,评价项目优劣势,给出是否承做的建议,同时指出项目在实施中须特别关注的问题和落实的细节事项等。

5.2.3.3　评审与决策

前文的综合分析是业务评审的一部分。在业务评审过程中,除了担保业务部门的参与外,风险管理部门会独立开展对项目的风险评估,不受业务部门的影响,并给出评估意见和建议。根据业务类别和公司的评审制度,针对重大或特殊的项目,风险管理部门出具《风险评估报告》,重点揭示担保的风险点,供公司决策。

1) 评审制度

业务评审在融资担保业务流程中占据非常重要的地位,尽管各融资担保公司的业务偏好和风险管理理念有所不同,但评审制度是每个融资担保公司都非常重视的一项管理制度。为了体现业务评审的专业性和重要性,融资担保公司大多设有评审委员会,由公司的高管、部门负责人、资深业务经理等组成,负责对一定金额以上的重大项目进行评审。

一般来说,融资担保公司会按照公司的业务类别、业务的金额大小、业务的风险程度设计评审制度。对批量化的低风险业务,由业务人员、业务部门负责人、风险管理部门负责人、业务分管经理、总经理依次审批；对金额较大的高风险业务，由业务人员、业务部门负责人、风险管理部门负责人、业务评审委员会进行审批。评审制度会随着公司业务的发展、业务品种的增加，以及风险管理能力的增强，不断进行调整，使评审机制更加有效率，符合公司的发展需要。

（1）评审会。评审会一般由 7～9 名评委组成。评审会一般是公司董事会下设的专门委员会，或者是总经理领导的经营决策会，会议内容是对担保项目进行集体评审，作出初步决策。评审会定期召开，不是公司的常设机构，也不是专门的部门，召开会议时存在，会后即解散。

（2）评委。评审委员会的评委一般由公司高管、主要部门负责人组成，设主任评委 1 名，负责召集主持会议。评委的地位是平等的，都有发言表决权。评委在参加评审会之前需详细阅读项目报告，对项目的可行性和风险作出全面评价，并在评审会上独立发表评审意见。

（3）议事规则。评审会的议事规则主要包括：①申请上会规则。规定评审委员会评审的项目范围，上评审会之前须提交的项目资料，发起评审的责任人，等等。②会议安排规则。评审会一般有例行会议和临时会议。例行会议在每周固定时间召开，临时会议是对于重大紧急的项目，由发起评审的责任人申请，经主任评委同意召开。③表决规则。每位评委有一票表决权。表决之前，评委有权进行提问，项目经理应当场回答，无法当场回答的，可以事后提交补充说明。发表表决意见可以是发言，也可以是书面，简要说明理由，具体形式由表决规则规定。对于申请担保的项目，须全票同意还是 2/3 以上同意视为通过，亦由表决规则规定。

（4）评审结论。评审结论是评审会评委意见的总结和归纳，是评审会对评审项目的最终决策，具体有：通过评审；未通过评审；暂缓；补充调查；设置通过的前提条件，满足条件后才能通过。评审会的结论具有约束力，除非再次上评审会修改评审结论，否则不得更改。

2）决策

根据担保公司的评审制度，担保项目由最终审批人作出决策，如最终由总经理审批的项目，由总经理作出最终决策；由评审委员会审批的项目，由评审委员会作出最终决策。有的担保公司会规定,董事长或总经理对评审会通过的项目有一票否决权,这时董事长或总经理为最终决策者。

5.3　担保合同的签订

通过评审的项目进入合同签订阶段。合同的签订由业务承办部门完成。主要签订的合同有:《委托担保合同》(担保申请人与融资担保公司签署)、《反担保合同》(融资担保公司与反担保人签署)、《保证合同》(融资担保公司与主债权人签署)。

5.3.1　合同的拟订

5.3.1.1　融资担保公司业务合同种类

融资担保公司在日常运营过程中,主要涉及公司运营所需的各类购买服务以及与承做担保业务相关的合同(例如业务合作协议、担保合同)两大类。在此,主要阐述与担保业务相关的合同的拟订。

融资担保公司涉的业务合同包括担保公司与银行、平台机构、政府部门等的业务合作协议以及担保类合同,担保类合同包括针对同类业务的格式合同,以及针对特定业务的个性化业务合同。

业务合作协议是融资担保公司与合作银行、平台机构或者政府部门等签署的合作协议。对于融资担保公司,特别是从事贷款担保业务的融资担保公司,银担关系是互相依托、合作共赢的关系,所以与银行建立合作关系,签署合作协议是融资担保公司开展业务的重要内容。

格式合同是指内容和条款固定化的合同,是融资担保公司的法律部门根据业务开展的实际情况,针对同一类业务拟定的合同。格式合同的使用仅限于空白条款的填写,业务部门在使用这类格式合同时,不得以任何方式对合同条款进行修改。

特定业务的个性化合同是针对特定业务拟定的合同,特定业务可以是业务模式相对稳定、规模化运作的特定业务,也可以是针对具体个案的业务。

法律部门对这类特定业务,根据业务实际,提供参考合同文本。但是具体的个性化合同文本由业务部门负责谈判和起草。

5.3.1.2 合同拟订的注意事项

拟订合同是一个审慎的过程。首先,要对合同的主体资格进行审查,须确保合同相对方的民事主体资格,查询相对方的工商登记或其他有关机关批准、登记信息,核实相对方提供的相关主体情况;同时,还要关注其重大违约情况、涉及的纠纷事项、诉讼事项或可能涉及诉讼的情况,是否受到过市场监督管理部门的处罚情况等。

其次,要注意合同内容的完整性。合同内容一般由约首、主体和约尾3个部分组成。约首部分的内容有:合同的名称、订约各方当事人的名称或姓名、住所、法定代表人、银行账号、联系地址和方式。约首部分还包括序言,写明订立合同的意愿、目的、依据、执行合同的保证等内容。主体部分的内容有:具体列明各项交易条件或条款,明确各方的权利义务,包括标的、数额、承担的义务或责任的方式、义务的履行期限和条件、费用支付标准和支付方式、违约责任、保密条款、争议解决方式和纠纷管辖等条款。约尾部分的内容有:合同的份数,使用的文字及其效力,订约的时间和地点,以及生效的条件、时间。

此外,要注意文字表述的精确性,对可能引起歧义的文字或某些非法定专用词语应在合同中予以解释说明。

5.3.1.3 几种主要合同

1)《银行合作协议》

银行与融资担保公司在主体地位上是平等的,各取所需,互惠互利。特别是政府性融资担保机构,其扶持中小微企业的业务定位,与银行发展普惠金融的目标是一致的,双方对开展融资担保业务的价值追求互为补充,双方互相依托、合作共赢。因此,融资担保公司与银行的合作协议,要在充分谈判的基础上,体现这种平等合作互利的关系。合作协议包括以下主要内容:

(1)合作事项。双方合作开展的业务品种,如流动资金贷款担保、中长期贷款担保、项目贷款担保、履约保函担保等。

(2)合作原则。自愿平等原则、公平诚信原则、合规审慎经营原则等。

（3）业务范围。业务对象范围，比如中小微企业；地域范围，比如全国范围或是本省、本市范围。

（4）担保额度和比例。根据双方开展业务的年度业务量、资产质量、客户覆盖面等因素，每年确定该年度的合作担保额度以及担保比例。

（5）保证方式、期间、范围。保证方式通常是连带责任保证；保证期间可以与银行约定，一般为主债务履行期届满之日起 2 年；保证范围须明确约定，银行希望将债务本金、利息、罚息、逾期利息、违约金、实现债权的费用全部列入保证范围内，融资担保公司则希望是较小的责任范围。具体的保证范围取决于担保公司和银行的协商结果。需说明的是，合作协议中约定的保证方式、期间、范围是合作双方原则性的约定，具体保证责任的承担须依据具体业务中担保公司和银行签署的《保证合同》的约定。所以在合作协议中，会增加这样的条款：《保证合同》约定的内容与合作协议不一致的，以《保证合同》为准。

（6）代偿期限。代偿期限即债务人在债务履行期届满却没有履行债务之时，保证人何时履行代偿责任的期限。代偿期限可以由保证人和债权人约定，在这个期限内，双方共同采取风险化解措施，尽最大可能减少损失。代偿期限可以约定为 10 天，或者 1～3 个月等。

（7）代偿程序。在担保贷款逾期后，银行与担保公司就代偿金额进行核对，由银行向担保公司发出代偿通知书，通知书中应列明代偿款的收款账号。担保公司在收到代偿通知书后一定期限内代偿。代偿后，银行为担保机构出具代偿证明，以便于担保公司向债务人和反担保人追偿。

（8）追偿措施。担保公司对债务人的贷款全额承担保证责任的，通常是担保公司代偿后，自行进行追偿，银行需配合担保公司的追偿。在担保公司和银行风险分担、比例担保的情况下，担保公司代偿的部分和银行未受偿的部分需向债务人及反担保人追偿，双方如何配合进行追偿需在合作协议中约定。例如，有的政府性融资担保机构与合作银行约定，如果抵、质押物设置在银行名下，需银行先行追偿，并处置抵、质押物，处置完毕后才予以代偿。

（9）其他事项。担保公司的陈述、保证或者重大事项通知条款，协议提前终止的条件，等等。有的担保公司，特别是政府性担保公司会要求合作银行履行一定的义务,比如:要求合作银行确保其送保的借款人材料的真实性;借款企业的实际控制人及或自然人股东和配偶向担保公司提供的个人信用反担保承诺函,由合作银行代办面签手续;合作银行出具解除担保责任通知书;等等,这些事项均须在合作协议中明确约定。

(10) 特别约定。特别约定一般会规定免责条款、暂停合作机制的情况等。

(11) 协议期限。一般合作协议期限为 1 年,协议期满后,除下一个合作年度的担保额度和比例以补充协议形式确认外,双方均未提出终止协议的书面意见的,协议自动续延 1 年,之后以此类推。修改或终止前的协议对依据其所签署的尚未终止的法律文件仍具法律效力。

2)《委托担保合同》

《委托担保合同》,也称为《委托保证合同》,因为融资担保公司为债务人的融资提供的担保,在大多数情况下是信用担保。有的融资担保公司以担保申请人单方出具的《委托担保承诺函》来代替《委托担保合同》。《委托担保合同》约束了担保人和委托人(担保申请人)的权利义务、违约责任等。主要条款如下:

(1) 合同编号。对合同进行编号是为了便于查找,同时将《委托担保合同》与其他反担保合同、保证合同通过编号建立有机联系,便于引用。

(2) 序言。包括委托人委托担保公司为其向债权人申请的借款提供担保,担保公司同意提供信用担保。

(3) 委托担保事项。主要包括担保的主合同的相关内容,主债权信贷合同的名称、编号、贷款金额、期限等。在这个条款中还需对保证的范围、保证方式和保证期间作出约定,比如:保证的范围是担保主债权的本金部分,还是本息部分等;保证方式是连带责任保证还是一般责任保证。通常对保证范围、保证方式和保证期间在该条款作概括性表述,同时,担保人和委托人会约定"保证范围、保证方式和保证期间详见担保人和债权人签订的《保证合同》",以更清晰地明确担保人的保证义务。

(4) 代偿及追偿事项。主要约定主债务人在债务履行期届满未履行偿还债务的义务,保证人按照《保证合同》的约定承担保证责任,支付代偿款。在保证人支付代偿款之后,主债务人和保证人则形成一个新的债权债务关系。主债务人有义务偿还代偿款,同时保证人成为债权人,有权利向主债务人及相关反担保人追偿。在《委托担保合同》中可以对主债务人偿还代偿款的义务作出约定,如偿还期限、逾期利息、违约责任等。如果对偿还代偿款的期限没有约定的话,则保证人有权随时要求主债务人偿还代偿款,主债务人需在合理期限内履行偿还义务。

(5)费用的支付。根据融资担保公司的营业范围,可以收取的费用有担保费、与担保相关联的咨询服务费等,但不得以保证金、承诺费、咨询费、注册费、资料费等名义收取不合理费用。担保费是融资担保公司收入的主要来源,《委托担保合同》应对担保申请人应支付的担保费的标准以及支付方式、违约责任作明确约定,涉及咨询费、评审费的支付可以在《委托担保合同》中约定,也可以以其他书面协议另行约定。

(6)双方的权利义务。主要包括委托人的权利义务:保证将主合同项下的借款,用于主合同规定的用途,不挪作他用;保证按照主合同约定的还款方式等严格执行还款计划;保证按约定支付担保费用等,偿还代偿款项并按约定支付利息、违约金等;按照担保公司的要求,报送有关生产经营、债权债务、借款使用及重大诉讼、仲裁等方面的资料,并积极配合担保公司进行检查和监督;未经担保公司同意,不得出售、出租、转移企业的重要财产,实施可能影响保证人利益的重大经营决策时,应事先征得保证人的书面同意;变更名称、经营范围、注册资金、住所、法定代表人等应提前通知保证人并不得因此影响保证人的利益;按担保公司的要求,提供合法、有效的反担保;向担保公司提供的所有资料真实、合法且有效;等等。

担保公司的权利义务:有权对委托人有关贷款资金的使用情况和生产经营、财务活动进行检查和监督;有权收取担保费等费用;有权接受委托人的授权查询其信用状况,并向政府有关大数据信息平台披露其信用信息;有权向贷款行查询贷款发放及本息偿还情况;按约定为委托人提供保证担保;等等。

(7)违约责任。这是大多数合同的必备条款,《委托担保合同》也不例外,对违约方承担的责任,比如赔偿损失、支付逾期利息、违约金的金额等均须明确约定。

（8）争议解决条款。一般约定由担保公司所在地的法院或者仲裁机构管辖。或者约定由合同签订地的法院管辖，合同签订地为担保公司所在地。

（9）其他约定。包括生效条款、通知送达条款、合同份数及变更条款等。

3）《保证合同》

融资担保公司的担保行为是通过《保证合同》的约定来体现的。《保证合同》是担保公司和债权人（银行）签订的，有的银行要求使用银行拟定的格式版本，有的担保公司会与银行共同拟订《保证合同》，使用特定的版本；特别是有政府背景的政府性担保公司，会与银行进行谈判，拟订适合自身业务特点的保证合同，并在保证合同中增加免责条款，以突出担保公司与银行风险共担的原则，督促银行尽责履职。《保证合同》的主要内容有：保证的范围、保证方式、保证期间、履行保证责任的期限（代偿期限）、免除保证责任的情形等。

4）《反担保合同》

《反担保合同》是融资担保公司与反担保人签署的合同，其对应的主合同是《委托担保合同》，主要有：保证反担保合同，如个人无限连带责任保证合同、不可撤销信用反担保合同；抵押反担保合同；质押反担保合同，如应收账款质押反担保合同；等等。《反担保合同》与《保证合同》类似，须对反担保的范围、保证方式、反担保保证期间、履行反担保责任的时间等明确约定。

5.3.2　合同的审核与签订

5.3.2.1　合同的审核

合同的审核工作由融资担保公司的法律部门完成，法律部门对业务部报送的拟签合同文本审核后，签署审核意见，并按照公司的相关流程报批，经公司批准后，才能对外使用。法律部门在审核过程中，对拟签合同涉及资金使用、支付条款等财务问题，涉及风险管理事项的，认为需由财务部、风险管理部审核的，先送财务部、风险管理部审核。

合同审核的要点：

（1）审核合同是否合法有效。包括签约的主体资格是否适格，是否具有签约的权利能力和行为能力；合同内容是否合法，是否违反或规避现行法律、行政法规、政府规章的强制性规定,是否损害社会公共利益等;合同标的权属是否清楚,权利凭证是否合法有效,是否存在争议或瑕疵;是否存在对公司权益构成侵害或重大不利的条款;合同生效是否附条件或期限,是否需要登记;是否需要履行前置行政批准手续;争议解决方式、管辖的约定是否合理有利;等等。

(2) 审核合同是否规范。包括条款是否完备;内容及格式是否规范严谨;权利义务的约定是否具体明确;文字表述是否清晰、准确、无歧义;相关的合同、协议、文件之间权利义务的设置是否协调一致,互不冲突;合同送审的程序是否符合公司有关规定;等等。

5.3.2.2　合同的签订

合同经法律部门的审核,并经公司批准使用后,由业务部门负责签订相关合同。业务部门对签订的合同,应做好合同数据录入、档案管理等工作。

合同签订应注意的事项如下:

(1) 由公司法定代表人(或授权代理人)签字并加盖公司公章(或合同专用章),若授权代理人签字,需注意核查授权委托书。

(2) 单份合同文本在两页以上的,应注意加盖骑缝章。

(3) 应注意合同份数,留存公司的合同文本原件应不少于两份。

(4) 应注意对方当事人签署合同的真实性,特别是对方系个人的情形,应该当面签署,并查验签署人的身份证明文件,授权委托书原件。

合同签订后,反担保措施的落实:业务部门在完成合同签订工作后,若涉及反担保措施的,须落实反担保措施,办理相关抵质押的登记手续。抵押清单、质押清单应作为合同的组成部分,抵押登记证作为业务资料的一部分,应注意保管和归档,并单独建立台账管理。

5.4　保后管理

保后管理是融资担保公司对融资性担保业务从承保(开始履行担保责任)后到解除担保责任期间的管理工作,是对被担保人及其影响担保业务安全的有关因素进行不间断监控和分析,以便及时发现早期预警信号,并积极采取相应补救措施的管理过程。保后管理对防范和控制融资担保业务风险、推进担保业务的健康发展具有重要意义。从风险控制的角度,保后管理工作的目的在于尽早发现并及时处理担保业务风险,最大限度地减少担保项目的代偿损失。保后管理工作主要包括保后检查、风险预警和风险化解。

5.4.1 保后检查

保后检查包括对被担保人情况的检查,也包括对担保业务所有事项的进展情况和反担保措施落实情况的检查,如融资用途检查、综合检查、还款资金安排检查、还款/结清检查等。有的融资担保公司成立了专门的部门如资产保全部,负责保后检查工作;有的融资担保公司由业务部门执行保后检查工作,风险管理部或者资产保全部为保后检查工作的管理部门,负责定期指导、督查业务部门的保后检查工作。

5.4.1.1 保后检查的及时性要求

负责保后检查工作的部门,业务部门或者资产保全部门,应根据业务类型的不同,在规定的时限内进行保后检查。融资用途检查一般应在承担保证责任后 30 日内进行;综合检查应按照整个担保期限内每季度不少于一次的频率进行;还款资金安排检查应在每个应还款日到期 30 日前进行;结清检查应在担保债务到期日后 3 个工作日内进行。具体的保后检查期限和频次,需结合具体的业务情况而设定,并非一概而论。

5.4.1.2 保后检查的内容

(1)被担保人和反担保人的情况。对于非自然人主要包括:公司高管的变动情况;经营发展情况;主要财务指标变化情况;负债和或有负债变化情况;债务偿还情况;重大投资及其进展情况;改组、改制情况;涉及法律诉讼情况;其他影响偿债能力的情况。对于自然人主要包括:家庭收入变动情况;家庭成员变动情况;家庭财产变动情况;还款情况;其他影响偿债能力的情况。

(2)担保贷款情况。即是否按照约定的用途使用贷款资金;是否按借款合同的规定偿还利息。

（3）反担保措施情况。以抵押、质押设定反担保的，要加强对抵押品和质押品的检查，主要检查以下内容：抵、质押品的现状；抵、质押品价值的变化情况；抵、质押品是否被妥善保管；抵、质押品是否被变卖出售或部分被变卖出售；抵、质押品保险到期后是否及时续投保险；抵、质押品是否被转移至不利于监控的地方；其他可能影响行使抵押权和质押权的情况。

5.4.1.3　保后检查的方式

保后检查可采取电话询问、约见借款人、现场核验等方式。融资担保公司会根据检查的内容拟定保后检查的表格，便于保后检查人员收集资料，填写检查情况。保后检查人员应根据保后检查的实际情况填写表格，并定期撰写保后检查报告。检查报告应对借款人和反担保人、反担保措施的情况进行分析，特别是针对变化的情况，需作出重点说明和分析；对贷款的情况作出说明，包括资金用途、归还利息情况等；若贷款资金用于特定的项目，对项目的进展情况也应进行描述和说明；对于检查时发现存在重大风险的，应及时提出风险预警，以便及时采取应对措施。

5.4.2　风险预警和风险化解

5.4.2.1　风险预警

风险预警是指在保后检查工作的过程中，发现担保项目出现风险或者可能会发生风险，将该担保项目作为风险预警项目上报给公司风险管理部门。一般来说，风险预警工作由担保公司实施保后检查的团队完成，大多以填表的方式上报。风险预警工作需把握对风险的识别，对风险进行有效判断并及时上报。出现风险或者可能发生风险的情况主要有：

（1）担保项目已经逾期，债务人未能归还到期债务，银行已经或即将向担保公司发出代偿通知书。

（2）债务人或其主要负责人、担保人涉及重大民事/刑事诉讼，并且其人身或者主要财产已被司法机关采取强制措施，银行可能宣布贷款提前到期，并要求代偿的情况。

（3）抵押物或质押物价值发生较大变化或产生权利瑕疵。

（4）债务人对银行和担保公司的态度出现重大变化，缺乏坦诚的合作态度，债务人约见困难，无法取得联系。

（5）担保项目的所属行业或与之相关的行业出现系统性风险。

（6）其他可能导致代偿或者扩大担保风险的情况。

5.4.2.2　风险化解

风险化解是指担保业务在风险预警之后直至进行代偿阶段，担保公司各部门相互配合，按照规定的权限和程序对风险预警项目采取针对性的处理措施，从而及时防范和化解担保代偿风险。风险管理部门是担保公司风险化解工作的指导和协调部门，负责对上报的风险预警项目进行风险分析，并提出对策，制订风险化解方案，协调风险化解工作开展过程中的各方关系，跟踪风险化解工作的进程，指导并督促风险化解方案的落实。各业务团队为风险化解工作的主要执行和实施部门，负责向风险管理部上报本业务团队发生的风险预警项目，按照风险化解方案的操作建议，执行并落实风险化解工作。其他职能部门配合业务团队、风险管理部完成风险化解工作。

风险化解措施的实施须本着灵活性、有效性、及时性以及保全优先的原则，旨在根据风险项目的不同情况，有针对性地采取各种手段，及时地从根本上化解风险，降低损失，最大限度地维护公司利益。风险化解措施主要包括以下内容：

（1）沟通协作、密切关注。由相关各部门相互配合，密切关注借款人经营情况和财务状况；保持与贷款银行的密切联系，关注借款人资金结算情况；要求借款人定期汇报经营状况，加大应收账款（若有）回收力度。

（2）续贷、展期、借新还旧。对于债务人由于暂时资金周转不善或突发事件无法偿付到期本息，但尚未丧失偿债能力的，可以与银行和客户协商，提供续贷、借款展期或借新还旧，避免公司代偿损失。

（3）债务人调整反担保措施。对于有违约风险或者经营状况异动、担保品价值下降、担保品出现权利瑕疵但债务尚未到期的担保业务，可优先采用调整反担保措施的方式来化解风险，即通过诸如增加担保物、担保人等，对贷款的反担保措施进行补足，以确保债务人偿债能力和意愿不足时担保公司有足够的处理手段。对于新的反担保措施,由各业务团队予以落实。

（4）债务重组。对于债务人企业经营状况恶化或者发生异动,但在债务人具有还款意愿和可预期的还款能力的前提下,可以和银行、债权人就该笔业务进行沟通,给予债务人诸如延长债务期限、发放盘活贷款等多种债务重组的机会,帮助债务人渡过难关。

（5）更换借款主体。对于按照银行规制或政策,不愿意为该债务人提供贷款、续贷或者展期的风险业务,根据公司综合评定,债务人经营状况尚未丧失偿债能力的,可以用更换借款主体的方式向银行申请贷款替换到期债务,原债务人应当承担连带保证责任。

（6）银行代位诉讼。在与贷款银行达成共识的前提下,向银行交纳一定数额的保证金,由银行先行对债务人进行诉讼、处置抵押物,视诉讼的进展情况与银行协商具体代偿的时间。

（7）分期代偿。在与贷款银行达成共识的前提下,与银行协商分期代偿,同时对罚息的减免与银行取得沟通。

（8）司法诉讼追偿。对于确需代偿的担保项目,代偿后积极进行司法诉讼追偿。

（9）其他能够化解风险的措施。

在开展风险化解工作的同时,应当尽可能对债务人的财产线索进行收集,为可能的诉讼财产保全做准备,应当查找的财产线索包括但不限于:①货币资金,主要指借款人和保证人的银行存款、到期债权、股票、投资收益、股息和红利收入等;②动产,主要指债务人的机动车辆、机器设备、办公设备、库存产品、原材料、船舶、航空器等;③不动产,主要指债务人的土地、房屋和林木等地上定着物;④其他法律规定具有物权性质的权利,如各种类型的知识产权等。

5.5　代偿追偿

5.5.1　代偿

代偿是指融资担保公司提供担保的项目,债务人不履行债务时,担保公司按照《保证合同》约定的责任范围,代债务人向债权人履行债务。在担保项目发生风险,无法及时有效化解风险,同时按照《保证合同》的约定须履行保证义务时,担保业务流程进入代偿阶段。代偿工作由担保公司的风险管理部门完成。融资担保公司的代偿情况也反映了公司的整体经营状况,代偿率①是担保公司风险管理水平的重要指标。

5.5.1.1　代偿流程

(1) 担保项目发生风险后,银行按约定向担保人发出《代偿通知书》。

(2) 担保公司接到《代偿通知书》后,对拟代偿的担保项目进行审核。在代偿审核环节中,担保公司会制定内部的代偿审核程序,比如代偿的审核要点、审批权限、审批程序、代偿信息的汇总和上报程序、代偿情况的分析等。

(3) 通过代偿审核后,担保公司支付代偿款,将款项划付债权人指定的银行账户。

(4) 银行在收到代偿款项后,向担保公司出具代偿证明和解除担保责任书,两者可以合二为一。代偿证明是债权人向担保公司出具的书面代偿证明文件,须注明代偿事由、代偿金额、代偿时间、解除担保责任等事项。该代偿证明可以全面反映代偿情况,同时作为担保公司已代偿的重要证据,便于担保公司展开司法追偿。

5.5.1.2　代偿内部审核程序

代偿项目的审核主要由担保公司的风险管理部门完成。一般情况下,担保公司在收到银行的代偿通知书后,由业务部门向风险管理部门发起代偿申请,同时提交代偿申请报告,并附相关资料(包括代偿通知书以及必要的项目资料)。代偿申请报告需对代偿项目的基本情况以及前期的风险化解工作进行说明,同时对可进一步处置的资产或者已掌握的财产线索进行描述,以便于后续追偿。

风险管理部门收到代偿申请后,及时进行代偿审核。审核的内容主要包

---

① 担保代偿率＝当年担保代偿发生额/当年累计解除的担保金额×100%(担保代偿发生额、解除担保金额均按实际承担风险责任计算)。

括:代偿申请的资料是否齐全;代偿的项目是否属于《保证合同》约定的保证范围内;代偿金额是否正确;是否存在《保证合同》约定的免责条款的情况;等等。

风险管理部门对没有争议的代偿项目审核通过后,提交担保公司有关领导审批。有的担保公司会根据不同金额的代偿项目,赋予不同层级的代偿审批权限,比如:500 万元以下的代偿项目由风险管理部门的分管领导审批;500万~1 000 万元以下的代偿项目依次由风险管理部门的分管领导和公司总经理审批;1 000 万元以上的代偿项目由风险管理委员会通过会议的形式进行审批。无论采用何种形式的代偿审批程序,均需注意按照《保证合同》约定的代偿时间完成代偿,以免支付额外的费用。代偿审批完成后,担保公司财务部门按照审批结果,划付代偿款项。

代偿项目审批完成后,风险管理部门需定期或者不定期对代偿信息进行汇总和上报,以便公司领导全面掌握代偿情况;同时,对代偿项目进行分析,从风险控制的角度为业务的正常开展提出建议。

5.5.2　追偿

代偿工作完成后,即进入追偿阶段。融资担保公司在履行代偿义务后,由担保人变为债权人,有权向债务人(被担保人)和相关反担保人进行追偿。追偿应当以最大限度减少损失为原则,主要措施有:要求被担保人制定还款计划,敦促其还款;要求反担保人履行代偿义务;处置抵、质押物;进行司法诉讼。司法诉讼追偿是常用的追偿手段,由于担保追偿案件的法律事实比较清楚,法律关系并不复杂,有的担保公司委托自己的员工代理诉讼,并申请强制执行,参与司法追偿的全过程;有的担保公司则更倾向于聘请专业的律师进行司法诉讼。

在司法诉讼过程中需注意诉讼或诉前的财产保全。诉讼或诉前的财产保全对于追偿工作非常重要。如果确实掌握了债务人的财产线索,为了有效地保全资产,便于日后处置变现,同时也为了防止债务人逃废债,须及时向法院申请诉讼或诉前财产保全,即保全所有能找到的债务人和反担保人的财产。对于债务人、反担保人提供抵押物担保的,也应尽早申请诉讼或诉前财产保全,防止被其他债权人先行查封该资产,丧失日后处置该抵押资产的优先权。

5.6 担保贷款呆账的核销

贷款呆账核销是指金融企业将认定的呆账,冲销已计提的资产减值准备或直接调整损益,并将资产冲减至资产负债表外的账务处理方法。通过核销,动用呆账准备金将无法收回或者长期难以收回的贷款或投资从账面上冲销,从而使账面反映的资产和收入更加真实。这一做法主要与银行业审慎经营的原则相关。如果呆账贷款长期挂账,呆账损失不及时核销,将导致财务会计信息严重失真,最终会致使银行经营风险不断积聚,危及金融安全。自1988年财政部下发《关于国家专业银行建立贷款呆账准备金的暂行规定》后,为防范经营风险,增强银行抵御风险的能力,及时处置资产损失,银行普遍建立了呆账核销制度。

融资担保公司也需要对担保贷款呆账进行核销,核销的呆账金额从担保赔偿准备金①中提取,在账面上冲销该笔呆账。

5.6.1 呆账的核销条件

呆账的核销需要具备一定的条件,申请核销的债权或股权须符合呆账的认定条件,同时要提交完整的呆账核销申报材料以及与呆账认定标准相对应的内部、外部证据,并且按照规定的核销程序报批。

5.6.1.1 呆账的定义

所谓呆账,是指金融企业承担风险和损失,符合法规规定认定条件的债权和股权资产。对于融资担保公司来说,主要有因对外担保行为而产生的一般债权,以及具有投资权的担保公司,涉及股权投资产生的无法收回的股权而形成的呆账。一般债权呆账是融资担保公司呆账的主要形式,其是基于履

---

① 担保赔偿准备金按不低于当年年末担保责任余额1%的比例提取。担保赔偿准备金累计达到当年担保责任余额10%的,实行差额提取。

行保证合同义务后所享有的追偿权而形成的债权。对融资担保公司而言,追偿权的权利来源于被担保人的融资,大多数情况下是银行的贷款,一旦贷款发生风险,担保人代偿,则对借款人以及反担保人进行追偿,担保人无法收回的债权,成为代偿损失,在符合一定标准下可认定为呆账。

5.6.1.2　呆账的认定标准

呆账核销的前提是对呆账进行认定,也就是说哪些债权可以认定为呆账。《金融企业呆账核销管理办法》对呆账认定标准规定得非常具体,分为一般债权或股权、银行卡透支款项、助学贷款三大类呆账认定标准。

(1) 一般债权或股权呆账认定标准共有 23 项,主要分为三类。

其一,借款人主体资格丧失类。①借款人依法宣告破产、关闭、解散或者撤销,相关程序已经终结;②借款人死亡,或者按照民法相关规定宣告失踪或者死亡,或者丧失完全民事行为能力或劳动能力;③借款人已完全停止经营活动,被县级及县级以上工商行政管理部门依法注销、吊销营业执照;④借款人已完全停止经营活动或者下落不明,超过 3 年未履行企业年度报告公示义务的;⑤前述几种情况金融企业对借款人财产进行清偿,并对担保人进行追偿后,仍未能收回的剩余债权;⑥法院依法宣告借款人破产后 180 天以上仍未终结破产程序的,金融企业对借款人和担保人进行追偿后,经法院或破产管理人出具证明或内部清收报告,仍未能收回的剩余债权。

其二,借款人主体资格存在,但执行困难类。由于借款人和担保人不能偿还到期债务,金融企业诉诸法律,借款人和担保人虽有财产,但对借款人和担保人强制执行超过 180 天仍未能收回的剩余债权;或者借款人和担保人虽有财产,但进入强制执行程序后,由于执行困难等原因,经法院裁定终结(中止)执行或者终结本次执行程序的债权;或者借款人和担保人无财产可执行,法院裁定终结(中止)执行或者终结本次执行程序的债权。

其三,允许自主核销类。对单户贷款余额在 500 万元(农村信用社、村镇银行为 50 万元及以下)的对公贷款,逾期后经追索 180 天以上,仍未能收回的剩余债权;金融企业对单户贷款余额在 6 000 万元及以下的,逾期后经追索 180 天,仍无法收回的中小企业贷款和涉农贷款;金融企业对单户贷款余额在

1000 万元及以下的,逾期后经追索 180 天,仍无法收回的个人经营贷款。

（2）银行卡透支款项呆账认定标准共有 11 项,主要包括:持卡人涉及依法宣告破产、死亡,因经营管理不善、资不抵债,经有关部门批准关闭等情况,经追偿后,仍未能收回的剩余债权;单户贷款本金在 5 万元及以下的,逾期后经追索 180 天以上,并且不少于 6 次追索,仍未能收回的剩余债权。

（3）助学贷款呆账认定标准共有 3 项,包括:因借款学生死亡无法收回的贷款;对于有抵押物（质押物）以及担保人的贷款,依法处置抵押物（质押物）和向担保人追索连带责任后,仍无法收回的贷款;借款人经诉讼进入强制执行程序后,由于执行困难等原因,经法院裁定终结（中止）执行或者终结本次执行程序的助学贷款等。

融资担保公司呆账的认定标准参照金融企业的呆账认定标准。如前所述,一般债权呆账是融资担保公司呆账的主要形式,参照金融企业的呆账认定标准,可以认定为呆账的主要债权见下节的附表。

5.6.2 呆账核销程序

呆账核销应遵循严格认定条件、提供确凿证据、严肃追究责任、逐级上报并经审核审批、对外保密和账销案存的基本原则。

5.6.2.1 呆账核销应提供的材料

参照《金融企业呆账核销管理办法》的规定,融资担保公司申报核销呆账,应提供:

（1）呆账核销申报材料及审核审批材料,包括担保业务及代偿事项发生明细材料,被担保人、反担保人和反担保方式的基本情况和现状,财产清算情况等。

（2）调查报告,包括呆账形成的原因,采取的补救措施及结果,对被担保人和反担保人的具体追偿过程及证明（包括法院的民事判决、裁定、调解书、支付令,仲裁机构的裁决书,公证机关依法赋予强制执行效力的债权文书等）,抵质押物处置情况,核销的理由等。

（3）其他相关资料,见表 5-1:

表 5-1　呆账核销应提供其他相关资料

序号	认定标准	核销所需相关材料
1	被担保人依法宣告破产、关闭、解散或被撤销，相关程序已经终结，对被担保人和反担保人进行追偿后，仍未能收回的债权；法院依法宣告被担保人破产后 180 天以上仍未终结破产程序的，对被担保人和反担保人进行追偿后，经法院或破产管理人出具证明，确实不能偿还的债权	提交破产、关闭、解散证明、撤销决定文件和财产清偿证明
2	被担保人死亡，或者依法宣告失踪、死亡，依法对其财产或者遗产进行追偿，并对反担保人进行追偿后，仍未能收回的债权	提交死亡或者失踪证明、财产或者遗产清偿证明
3	被担保人已完全停止经营活动，被县级或县级以上工商行政管理部门依法注销、吊销营业执照，对被担保人和反担保人进行追偿后，仍未能收回的债权	提交县级或县级以上工商行政管理部门注销、吊销证明和财产清偿证明
4	被担保人已完全停止经营活动或者下落不明，未进行工商登记或超过 3 年未履行企业年度报告公示义务的，对被担保人和反担保人进行追偿后，仍未能收回的债权	提交县级或县级以上工商行政管理部门查询证明、财产清偿证明
5	被担保人和反担保人不能偿还到期债务，被诉诸法律，经法院强制执行超过 180 天以上仍未收回的债权；或者被担保人和反担保人虽有财产，进入强制执行程序后，由于执行困难等原因，经法院裁定终结或中止执行程序的债权；或者被担保人和反担保人无财产可供执行，法院裁定执行程序终结或中止的债权	提交法院判决/调解书、强制执行证明或法院裁定证明
6	被担保人和反担保人被诉诸法律后，因被担保人和反担保人主体资格不符或灭失等原因，被法院依法驳回起诉或裁定免除（部分免除）被担保人和反担保人责任；或因担保合同、反担保合同等权利凭证遗失或超过诉讼时效，经追偿后仍未能收回的债权	提交法院驳回起诉的证明，或依法免除债务人责任的法律文书；因权利凭证遗失无法诉诸法律的，提交台账、贷款主合同、担保业务审批单等证据材料、追偿记录、情况说明以及法律意见书；因超过诉讼时效无法诉诸法律的，提交法律意见书
7	被担保人或反担保人由于上述 1～6 项原因，不能依法履约，依法取得相应抵债资产，抵债金额小于代偿支出的差额，经追偿后仍未能收回的债权	提交抵债资产接收、抵债金额确定证明和上述第 1～6 项的相关证明

（续表）

序号	认定标准	核销所需相关材料
8	经批准采取打包出售、公开拍卖、转让等市场手段处置债权后,其处置价格与账面价值的差额	提交资产处置方案、监管部门批复同意处置方案的文件、出售转让合同、成交及入账证明和资产账面价值清单
9	因被担保人、反担保人或者其法定代表人、实际控制人涉嫌违法犯罪,经公安机关或者检察机关正式立案侦查2年以上,对被担保人、担保人或者其他还款义务人进行追偿后,仍未能收回的债权	提交公检法部门出具的法律证明材料,财产追偿证明
10	对单户担保贷款余额在6 000万元及以下的,经追索180天以上,仍未能收回的中小企业贷款和涉农贷款	提交中小企业贷款、涉农贷款分类证明,追索记录

对于呆账核销应提供的材料可分为外部证据和内部证据。外部证据主要是法院或政府有关部门出具的财产清偿证明等文件,无法取得外部证据的,可以凭内部证据进行核销。内部证据主要包括财产追偿证明、清收报告、法律意见书等。财产追偿证明或清收报告应包括被担保人和反担保人的基本情况、形成呆账的原因、采取的补救措施、债务追收过程等。法律意见书应就被核销债权进行法律诉讼的情况进行说明,包括诉讼过程、结果等;未涉及法律诉讼的,应说明未诉讼的理由。

笔者以为,凭内部证据进行核销,扩大了核销的证据材料来源,有利于呆账核销力度的加大。对于融资担保公司来说,为了控制代偿风险,会设置一定的反担保措施,比如企业实际控制人夫妻双方签署个人无限连带责任保证,以被担保人或者其他第三方的房产提供抵押反担保,机器设备抵押反担保,权利质押反担保,其他第三方提供信用反担保,等等。一旦代偿后进行追偿,涉及的被告人数众多,司法诉讼执行历时长久,财产无法执行却又迟迟不能获得法院的中止或终结执行裁定,致使无法核销,不能提取担保赔偿准备金,对代偿损失从账面上进行冲销,从而影响财务报表,不能反映真实的资产状况。所以,融资担保公司对于追偿的债权,在财产执行遇到障碍,一定时期内无法获得法院执行裁定等外部证据的情况下,要善于使用内部追偿证明、清收报告以及法律意见书等内部证据来申请核销。这就要求担保公司在追偿的过程中,加强对追偿工作的管理,要重视追索记录,比如发函催讨、短信催讨、电话催讨、邮件催讨、上门催讨、诉讼催讨等,每一个催讨的过程都要做好记录工作,以便日后核销。

5.6.2.2　呆账核销的特别规定

(1) 被担保人在同一融资担保公司,或者在不同金融机构或不同融资担保机构的多笔债务,若反担保人/担保人和反担保条件/担保条件相同,只要一笔债务取得了无财产执行的法院终结或中止裁定,该被担保人的其余各笔债务可以依据前述裁定、内部清收报告及法律意见书核销。

(2) 被担保人在金融机构或其他融资担保机构的同一笔债务(例如担保公司为被担保人在其他担保机构的担保贷款提供再担保或者担保公司为被担保人在金融机构的贷款提供比例担保的情况下),只要金融机构或其他融资担保机构取得了无财产执行的法院终结或中止裁定,可以依据前述裁定、内部清收报告及法律意见书核销。

笔者以为,上述核销的特别规定,对融资担保公司的核销意义重大,特别是政府性融资担保机构。

比如,在政府性融资担保机构与合作银行执行比例担保的情况下,通常按比例承担贷款的风险责任,例如政府性融资担保公司承担贷款本金的80%的责任,银行承担本金的20%和全部利息的责任。一旦代偿后,银行和担保公司分别就其承担责任的部分进行追偿,如果担保/反担保的条件相同,银行追偿的部分取得了法院终结(中止)执行裁定的话,担保公司即可依据银行取得的法院裁定等材料进行核销,极大地方便了担保公司的呆账核销。

又如,政府性融资担保机构与合作银行约定贷款发生风险后,合作银行先行向债务人和其他担保人追偿,处置抵、质押物,待处置完毕后并取得法院终结(中止)执行裁定后,政府性融资担保机构再按照其所应承担的比例代偿相应款项,这就是"后代偿"模式。在此情况下,政府性担保机构是否可以依据银行对该笔债务追偿所取得的法院终结(中止)执行裁定进行核销? 笔者认为,参照《金融企业呆账核销管理办法》的原则,可以依据银行获取的法院裁定进行核销。首先,银行和担保机构追索的是同一笔债务,在"后代偿"模式下,政府性融资担保机构未设置任何反担保,所有的担保措施,包括房产抵押、个人无限连带责任等均办理在银行名下,银行除了对债务人追索,还要对担保人(除政府性融资担保机构以外的全部担保人)追索,在没有继续执行可能的前提下,政府性融资担保机构才予以代偿。在银行就同一笔债已经对债务人进行司法诉讼执行追索的前提下,政府性融资担保机构再行司法追索,则造成讼累。所以,政府性融资担保机构依据银行获取的法院裁定进行核销,既节约了司法资源,又保障了各方的权益。当然,政府性融资担保机构在核销该笔代偿损失后,须确保"账销案存"的权利。

再如,再担保机构为担保机构提供比例再担保,即再担保机构与担保机构签署《再担保合同》,约定担保机构承担担保责任后,再担保机构按约定的比例向担保机构支付代偿款,承担再担保责任。在这个再担保业务中,存在两个层面的法律关系:一是担保机构与债权人、债务人之间的担保与被担保的关系;二是再担保机构与担保机构之间的再担保关系。担保机构履行担保义务之后,向债务人及相关反担保人追偿;而再担保人依据《再担保合同》承担比例再担保责任后,由于与债务人没有合同关系,所以不能直接向债务人及反担保人进行追偿,即使进行追偿,也必须依据担保人与债务人及反担保人的担保合同,担保合同的权利义务必须转移给再担保人。所以,再担保机构履行比例再担保义务,并不意味着担保人对债务人债权的减少,担保人仍就其代偿款的全额进行追偿,该追偿的权利涵盖了再担保人的追偿权利。故再担保人依据担保人追偿过程中的司法文书进行核销,并不会损害再担保人的权利,反而体现了司法效率,具有现实意义。

5.6.2.3 呆账核销的办理程序

融资担保公司的呆账核销需要经过公司的内部审批。担保公司应建立核销制度,按照公司治理要求和授权机制,由股东会、董事会、经营管理层行使核销审批权。有的省市的融资性担保公司代偿损失和核销管理办法规定,融资担保公司内部核销审批制度需报行业监管部门和主管财政机关备案。大多数融资担保公司的呆账核销工作由公司风险管理部门或资产保全部门负责。一般的审批流程是先由部门负责人审批，然后依次由分管领导、公司负责人审批。如果公司设置风险管理委员会或者资产管理委员会，会按照相关委员会的职责，在提交分管领导审批前，由委员会进行集体决策。

核销申请通过担保公司内部审批后，上报上一级主管单位，由上一级主管单位对核销申请进行审批。由政府设立的融资担保基金的担保贷款呆账，由受托运作的融资担保机构报同级财政部门审批核销。

5.6.3　呆账核销的监督管理

5.6.3.1　完善机构内部的呆账核销授权机制

融资担保机构需健全内部核销制度，完善呆账核销授权机制，明确股东会、董事会和经营管理层的职责，规范审核程序，及时核销呆账，并有效防范虚假核销等各类风险。

5.6.3.2　建立呆账责任认定和追究制度

融资担保机构需建立呆账责任认定和追究制度，每核销一笔呆账，应查明呆账形成的原因，对确系主观原因形成损失的，应在呆账核销后的一定时间内完成责任认定和对责任人的追究工作。对呆账没有确凿证据证明，或者弄虚作假向审核或审批单位申报核销的，应当追究有关责任人的责任，视金额大小和性质轻重进行处理。未经过责任认定程序而给予核销的，应当追究批准核销呆账的负责人的责任。对应当核销的代偿损失，由于有关经办人、部门负责人和单位负责人的责任原因而不核销、隐瞒不报、长期挂账的，应对有关责任人进行处理或者处罚。

5.6.3.3　建立呆账核销保密制度，坚持不干预原则

融资担保机构须建立呆账核销保密制度，融资担保机构按规定核销呆账，应当在内部进行运作，做好保密工作。未经上级有关部门批准，不得对外披露融资担保机构呆账核销安排和实际核销情况。

除法律法规规定外，其他任何机构和个人（包括债务人）不得干预、参与融资担保机构的呆账核销运作。

5.6.3.4 完善已核销呆账的管理，实施"账销案存"

融资担保机构须建立呆账核销后的资产保全和追收制度。对已核销的呆账作"账销案存"处理，建立呆账核销台账并进行表外登记，单独设立账户管理和核算，不得对被担保人和反担保人披露。对已核销的呆账继续保留追偿的权利，并对已经核销的呆账及核销后的应收利息等继续催收。对核销后的呆账以及应当核销而未核销的呆账进行检查，发现问题及时纠正，提高呆账核销工作质量，并有效保全资产，切实提高资产质量。

第 **6** 章
融资担保公司的注销

融资担保公司和其他公司一样,也会面临解散、清算、注销。融资担保公司注销的程序包括清算、注销融资担保业务许可证、注销工商营业执照等。

6.1 融资担保公司解散的原因

融资担保公司解散的原因和其他公司一样,主要有:

(1) 依法被吊销融资担保业务经营许可证。

(2) 公司章程规定的营业期限届满或者公司章程规定的其他解散事由出现。

(3) 股东会决议解散。

(4) 因公司合并或者分立需要解散。

(5) 依法被吊销营业执照、责令关闭或者被撤销。

(6) 公司经营管理发生严重困难,继续存续会使股东利益受到重大损失,持有公司 10%以上表决权的股东,请求人民法院解散公司。

6.2 融资担保公司清算注销程序

公司解散,涉及人、财、物的安排,一旦发生上述解散事由,则进入清算注销程序。

6.2.1 公示解散事由

公司出现前述解散事由,在 10 日内通过国家企业信用信息公示系统公示解散事由。

6.2.2 成立清算组

根据《公司法》和《监督管理条例》,融资担保公司解散(因公司合并或者分立需要解散的除外),应当清算。董事为公司清算义务人,应当在解散事由出现之日起 15 日内成立清算组,开始清算,并对未到期融资担保责任的承接作出明确安排。

清算组人员组成:清算组由董事组成,但是公司章程另有规定或者股东会决议另选他人的除外。

清算组在清算期间的职权:

(1)清理公司财产,分别编制资产负债表和财产清单。

(2)通知、公告债权人。

(3)处理与清算有关的公司未了结的业务。

(4)清缴所欠税款以及清算过程中产生的税款。

(5)清理债权、债务。

(6)分配公司清偿债务后的剩余财产。

(7)代表公司参与民事诉讼活动。

6.2.3 接管公司进行清算

清算组自成立之日起,清算组全面行使公司管理职权,对内执行清算事务,对外代表公司处置债权债务,参加诉讼活动。公司公章、融资担保业务经营许可证、营业执照、公司资产和负债、账册、合同及员工档案等由清算组接管。清算期间,公司存续,但不得开展与清算无关的经营活动。

清算组在清算期间的工作内容主要有:

(1)清理公司财产。清算组应对公司的资产和负债进行全面清理和核查。对融资担保公司来说,梳理并明确债权债务非常重要,融资担保公司对外的债权主要是履行了担保义务后形成的正在追偿过程中的追偿权;对外的债务主要是承担未来到期的融资担保责任可能会产生的代偿义务。

（2）通知债权人债权申报及债权登记。清算组应当自成立之日起 10 日内通知债权人，并于 60 日内在报纸上或者国家企业信用信息公示系统公告。债权人应当自接到通知之日起 30 日内，未接到通知的自公告之日起 45 日内，向清算组申报其债权。书面通知和公告内容包括公司名称、通信地址、清算事由、清算开始日和申报债权期限等。

债权人申报债权，应当说明债权的有关事项，并提供证明材料。清算组对债权进行登记。在申报债权期间，清算组不得对债权人进行清偿。

（3）处理与清算相关的公司未了结的业务。清理公司未履行完毕的合同，收缴公司债权；代表公司参与民事诉讼；对职工进行安置（包括工资、法定补偿金和社会保险等费用的计算、办理职工劳动关系等）。

（4）编制清算结束日的资产负债表。编制资产负债表和财产清单，发现公司财产不足清偿债务时，应当依法向人民法院申请破产清算。

（5）制订清算方案。清算方案内容包括：公司清算费用；职工安置费用；清缴清算开始前所欠税款以及清算过程中产生的税款；需偿还的公司债务；公司或有债务的处理；对外投资与债权的处理方案；公司实物资产和无形资产的处置方案；公司剩余财产的分配方案。

公司财产在分别支付清算费用、职工的工资、社会保险费用和法定补偿金，缴纳所欠税款，清偿公司债务后的剩余财产，有限责任公司按照股东的出资比例分配，股份有限公司按照股东持有的股份比例分配。

清算方案须报股东会或者人民法院确认。

（6）办理国税、地税完税证明。

（7）编写清算报告。清算报告应阐明：公司解散的事由和时间；清算组成立时间、清算组负责人和成员名单；公告和债权登记情况；资产清理情况；公司债权债务的确认和处理情况；清算方案及方案的执行情况；股东依法对公司剩余资产的分配情况；清算组成员履行职责和其他需要说明的情况；等等。

清算报告须报股东会或者人民法院确认，并报送公司登记机关，申请注销公司登记。

需要说明的是：融资担保公司由于具有金融属性的特殊性，清算过程应当接受监督管理部门的监督。有的省份在制定的融资担保公司监督管理细则中,对融资担保公司的解散清算规定得更为细致,例如规定:融资性担保公司解散的,应当向地方金融管理部门报告;融资担保公司解散时应当依法成立清算组进行清算,并对未到期融资担保责任的承接作出明确安排,应当符合国家相关法律法规规定;清算过程应当接受地方金融管理部门的监督。

6.2.4 注销融资担保业务经营许可证

清算完毕后,按照相关规定将融资担保业务经营许可证交监督管理部门注销,并由监督管理部门予以公告。

6.2.5 公司注销

注销融资担保业务经营许可证后,办理公司注销登记,向公司登记机关提交如下注销登记材料:

(1)《企业注销登记申请书》。

(2)公司依照《公司法》作出解散的决议或者决定,人民法院的破产裁定、解散裁判文书,行政机关责令关闭或者公司被撤销的文件。

(3)股东会、一人有限责任公司的股东或者人民法院、公司批准机关备案、确认的清算报告。

(4)国有独资公司申请注销登记,还应当提交国有资产监督管理机构的决定。其中,国务院确定的重要的国有独资公司,还应当提交本级人民政府的批准文件复印件。

(5)已领取纸质版营业执照的缴回营业执照正、副本。

(6)准予注销融资担保业务经营许可证的文件。

6.2.6 特别说明

笔者以为,融资担保公司在注销过程中与其他公司不同的地方就是对债权债务的处理。由于融资担保公司主营业务的特殊性,清算时存在未到期的融资担保责任(或有债务),以及大量基于追偿权存在的对外债权。这些对外债权,即使形成了呆账,已经核销了,但是"账销案存",法律上的追偿权利仍然存在。因此,无论是未到期的融资担保责任,还是对外债权,必须有承接方予以承接。

6.2.6.1　承接方的选择

大多数融资担保公司会选择关联方,比如股东、兄弟公司来承接,因为未到期的融资担保责任是或有债务,承接这些债务后,将会实际发生代偿的金额未知;对外的债权,有的可能还在追偿过程中,有的已经核销,但最终会有多少债权能够收回,也是未知。如果第三方来承接的话,债权债务的价值难以评估,难以找到公允的价格来接受。因此,由融资担保公司的关联方来承接债权债务,具有现实性。

考虑到或有债务承接的可行性,有的融资担保公司在办理注销时,会等到融资担保责任全部到期后,将或有的债务变成现实的债务,清偿全部债务后,由承接方予以承接对外债权。尽管这些对外的追偿权能够收回多少也具有不确定性,但是可以根据债权是否有抵押、债务人的主体情况等因素予以初步评估,双方可以就承接的对外债权的转让价格达成合意。当然,承接的价格、承接的方式等需要按照清算程序和要求,经相关方批准。

6.2.6.2　债权债务的转让

(1) 未到期融资担保责任的转让。根据《民法典》第 551 条的规定:"债务人将债务的全部或者部分转移给第三人的,应当经债权人同意。"因此,融资担保公司将未到期的融资担保责任转让给承接方,须征得债权人的同意。

(2) 对外债权的转让:根据《民法典》第 546 条的规定"债权人转让债权,未通知债务人的,该转让对债务人不发生效力,"以及第 547 条的规定"债权人转让债权的,受让人取得与债权有关的从权利,但是该从权利专属债权人自身的除外。受让人取得从权利不因从权利未办理转移登记后续或者未转移占有而受到影响。"可见,《民法典》对债权转让,采取通知主义。

因此,融资担保公司将追偿权转让给承接方,须通知债务人。在追偿法律关系中,债务人除了主债务人(应偿还贷款方),还有反担保人、其他共同担保人(如果有)。此外,承接方承接的债权上存在从权利的,承接方取得从权利。随同债权转让的从权利包括担保物权和其他从权利,如抵押、质押、保证,以及违约金债权、损害赔偿请求权、留置权、债权解除权、债权人撤销权、债权人代位权等。作为从权利的抵、质押权即使未办理变更登记,或者未转移占有,不影响承接方所享有的从权利。

对于融资担保公司而言,对外债权,大部分是追偿未能实现的债权,包括已经核销的债权,这些债权的债务人有的已经歇业,或者下落不明,有的已经注销或者被吊销营业执照。对这类债务人如何进行通知?怎样的通知方式为有效?

目前法律对通知的主体、通知的方式等未作明确具体的规定,最高人民法院对《关于人民法院强制执行阶段变相买卖判决书行为的建议的答复》中就"关于金融不良债权转让登报公告适用主体和条件的问题"明确"实践中也不应排除在债务人下落不明、无法以其他有效方式直接通知的情况下,参照民事送达的有关规定,以公告方式履行通知义务"。因此,在债务人下落不明、已经注销或者被吊销、而无法通知的前提下,公告通知也不失为一种有效的方式。

此外,在融资担保公司清算时,对外债权基本上都是处于法院执行阶段,未能受偿的债权大部分处于因无可供执行财产,法院终结本次执行阶段。这些被执行的债务人大多下落不明,无法通知;即便有的债务人可以通知,因为债权数量多,逐一通知较为复杂,工作量大,通知到达效果难以预计。

综上,笔者建议,融资担保公司可以与担保申请人事先约定"权利完善"的条款,在协议中约定转让通知送达的方式,比如:发生债权转让事由,通过公告形式发出转让通知,视为通知到达;在债务人发生下落不明、注销、吊销营业执照等情况,公告通知视为通知到达,不影响债权转让的效力,不影响债务人履行偿还债务的义务,等等。

第三部分

思考与探索

第7章
我国政府性融资担保的发展

我国融资担保行业是随着市场经济体制深入发展、社会信用体系和信用机制的建设不断完善而逐渐发展起来的。自 1993 年第一家担保公司①成立以来,经历了近 30 年的发展过程,从起步探索到快速发展,再到规范发展,融资担保行业的定位越来越清晰,发展步伐亦越来越稳健。

1999 年 9 月,原国家经贸委印发《关于建立中小企业信用担保体系试点的指导意见》,要求在全国范围内进行建立中小企业信用担保体系试点的工作,要求"中小企业信用担保体系由城市、省、国家三级机构组成,其业务由担保与再担保两部分构成,担保以地市为基础,再担保以省为基础"。

2015 年 8 月,国务院发布《关于促进融资担保行业加快发展的意见》,明确:以大力发展政府支持的融资担保和再担保机构为基础,以有针对性地加大对融资担保业的政策扶持力度为抓手,加快发展主要为小微企业和"三农"服务的新型融资担保行业,促进大众创业、万众创新。政府性融资担保再次走进人们的视线。

2017 年 8 月,国务院发布《融资担保公司监督管理条例》,再次通过行政

---

① 1993 年 12 月,经财政部和原国家经贸委报国务院批准,我国第一家全国性专业信用担保机构——中国经济技术投资担保公司正式成立,开启了我国专业信用担保机构发展的历史进程。当时公司被定位为非银行金融机构,实行金融许可证制度,业务上接受中国人民银行的监管。

法规的形式,明确"国家推动建立政府性融资担保体系,发展政府支持的融资担保公司,建立政府、银行业金融机构、融资担保公司合作机制,扩大为小微企业和农业、农村、农民提供融资担保业务规模并保持较低的费率水平"。至此,融资担保行业定位于国家普惠金融的重要组成部分,政府性融资担保机构承担着重要责任。回顾历史,总结经验,未来才能更好前行,因此,有必要对我国政府性融资担保的发展历程作一探析。

7.1 政府性融资担保的起源

7.1.1 政府性融资担保机构的含义

我国政府性融资担保业务是伴随着中小企业信用担保体系的建立而蓬勃发展的。由于中小企业自身信用不足,抗风险能力弱,其融资担保业务大多由政府性融资担保机构承担。所谓政府性融资担保机构,是指依法设立,由政府及其授权机构出资并实际控股,不以营利为目标,为特定的对象,主要是中小微企业和"三农"主体提供融资担保服务,侧重于实现政府性目标的服务机构。政府性融资担保有法定的资金补充和风险补偿机制,政府承担最终风险。在管理运作上,主要有以下几种模式:一是政府以注册资本金或运营资金的形式出资设立专门的政府性融资担保机构,开展政府性融资担保业务;二是政府以注册资本金的形式注资已设立的商业性融资担保公司,同时政府设立担保资金,由商业性融资担保公司操作政府性担保业务,代偿损失由担保资金负担;三是政府设立担保资金,委托商业性的融资担保公司操作政府性融资担保业务,代偿损失由担保资金负担;四是政府设立融资担保基金,同时设立专门的政府性融资担保机构,由政府性融资担保机构受托运营管理担保基金,政府性融资担保业务的代偿损失由基金负担,并由政府补足损失部分。

7.1.2 政府性融资担保的起源

中小微企业的抗风险能力弱,对其提供信用担保的经营风险远远高于可能实现的利润,因此,以追求利润最大化为目标的社会资本不会进入也无法长期停留在这一领域。但是,如果没有信用担保,一些信用等级较低或没有信用记录的中小微企业难以获得银行贷款,从而失去良好的商业机会。因此,应从政府增进社会整体福利的角度出发,通过全面、系统的财政支持政策和机制,充分发挥信用担保对中小微企业发展的促进作用,使那些有发展潜力而暂时没有足够抵押品的中小企业,能够及时得到金融机构的贷款服务,从而增强整个社会经济的可持续发展能力。

1999 年 1 月,国务院主持召开专题会议,会议确定由财政部作为信用担保行业的主管部门,牵头起草行业管理办法。原国家经贸委成立中小企业司后,对信用担保给予了高度关注,提出为切实解决中小企业融资难特别是贷款难的问题,推动中小企业服务体系建设,应大力推动建立中小企业信用担保体系。1999 年 9 月,原国家经贸委发布《关于建立中小企业信用担保体系试点的指导意见》(简称《指导意见》),明确:中小企业信用担保是指中小企业信用担保专门机构与债权人约定,当被担保人不履行或不能履行主合同约定债务时,担保机构承担约定的责任或履行债务的行为。《指导意见》要求在全国范围内进行建立中小企业信用担保体系试点的工作。中小企业信用担保机构的资金来源主要以财政预算资助和资产划拨为主,机构形式可为企业法人、事业法人或社团法人。《指导意见》的颁布,标志着以贯彻政府扶持中小微企业发展为宗旨的中小微企业信用担保体系正式启动。

7.2　政府性融资担保的发展阶段

我国政府性融资担保业务起步晚于融资担保行业,其发展阶段与整个行业的发展是一致的,但每个阶段有其自身的发展特点。

7.2.1　试点发展(1999—2008 年)

7.2.1.1　总体情况

2000 年 8 月,国务院办公厅转发了原国家经贸委《关于鼓励和促进中小企业发展若干政策意见》(简称《政策意见》),提出"加快建立信用担保体系",为中小企业融资创造条件。中小企业信用担保体系建设试点工作逐步扩展至全国范围。以上海为例,上海市政府有关方面与中国经济技术投资担保公司(简称中投保公司)于1999年5月成立"中投保上海分公司",负责运作上海市财政及区县财政受托支付的担保资金,专门为上海市辖区的中小企业的贷款融资提供担保,以缓解中小企业融资难问题。

2001年之后,国家相关部委陆续制定并发布了一系列部门规章和扶持政策,从不同角度、不同范围对担保机构和担保业务进行了规范和管理,促进了中小企业融资担保业务的开展。以扶持中小企业发展为目标,开展中小企业融资担保为主营业务的政府性融资担保机构的机构数量和担保业务规模逐渐上升。在此期间,政府性融资担保机构主要以政府完全出资或参与出资为主,总体上中小企业融资担保规模不大,中小微企业的融资困境仍是痛点。

7.2.1.2 机构特征

政府性融资担保机构形式有政府全额出资,或者控股、参股的公司,或者事业单位形式的担保中心。总体上,资本金规模不大。

7.2.1.3 问题

在发展过程中,出现了以下问题:

一是外部监管不全面,融资担保公司的设立没有纳入许可证管理体系,进入门槛过低。没有统一的监管机构,国家多个部门从各自的管理职能角度对担保行业进行不同程度的管理,如:财政部负责对担保行业的风险控制和损失补偿的研究,国家发改委致力于大力建设中小企业担保体系,多头管理格局必然会导致监管效率不高,管理制度不协调,容易出现监管漏洞。

二是内部缺乏成熟的公司治理和风险管理策略。原因如下:①政府性融资担保机构成立初期,还处于对中小企业融资担保业务模式、风控手段的摸索阶段,承做业务经验不足,前期承做的中小企业融资担保业务的风险逐渐显现;②业务规模逐年扩大;③受宏观经济发展的影响,政府融资担保机构代偿额开始逐渐增加。

7.2.2　规范发展(2009—2014 年)

7.2.2.1　总体情况

2008 年发生了全球金融危机,大批经营管理能力弱、业务风险控制水平不高的担保机构开始出现经营困难,各地普遍增强了对政府性融资担保机构作用的认识。2009 年,国家安排了 10 亿元财政资金,用于奖励和补助担保机构开展中小企业贷款担保业务以及支持部分地区设立区域性再担保机构,同时继续实行税收优惠政策。地方政府也开始持续增加其出资成立的政府性融资担保资本金。资本金投入旨在鼓励担保机构扩大资本规模,提高信用水平,增强业务能力。例如,上海市在 2011 年安排落实"3 个 10 亿元",分别针对商业性融资担保、科技型中小企业融资风险分担、投贷投保联动等 3 个方面,优化和完善中小企业融资环境。其中,设立总量规模为 10 亿元的市级财政专项资金,通过有关国有投资公司以投资参股商业性融资担保机构的方式,支持和引导上海市商业性融资担保机构做大做强。

随着 2010 年《融资性担保公司管理暂行办法》以及一系列配套制度的出台,全国各地开展了对融资担保公司规范整顿的工作。政府性融资担保机构亦按照监管要求,规范了公司内部治理,各地的政府性融资担保业务规模较 2008 年逐步扩大。政府性融资担保机构的数量快速增长,对促进中小企业获得经营资金的推动效应也有所提升。

7.2.2.2　机构特征

机构形式以公司形式为主,资本金规模提升。省级再担保机构成立,全国涌现出一批近 30 亿元资本金规模的政府性融资担保机构,并成为当地担保行业的龙头。

7.2.2.3　问题

在发展过程中,出现了以下问题:

一是外部行业危机,带来负效应。尽管融资担保行业确立了监管制度,并且通过许可证管理方式开展了融资担保公司的规范整顿工作,但由于行业扩张过快(许多地方在 2009 年、2010 年的机构增长率高达 30%)和担保公司经营管理差距大等原因,有的担保公司在 2012 年以后,代偿风险凸显。特别是民营担保公司,出现了资金链断裂现象,有的甚至破产关闭。

二是面临整个行业的信用危机,2012 年后,政府性融资担保收缩业务规模。政府参股国有融资担保公司,提升中小微企业融资担保规模效应不明显。

7.2.3 重新定位(2015 年至今)

7.2.3.1 总体情况

为应对行业危机,进一步扶持中小微企业发展,国务院于 2015 年 8 月发布《关于促进融资担保行业加快发展的意见》,明确融资担保是破解小微企业和"二农"融资难、融资贵问题的重要手段和关键环节,大力发展政府支持的融资担保机构,推进再担保体系建设;构建国家融资担保基金、省级再担保机构、辖内融资担保机构的三层组织体系。2017 年 8 月,《融资担保公司监督管理条例》颁布,进一步明确融资担保是普惠金融体系的重要组成部分。至此,融资担保的行业定位越来越清晰。为应对经济下行,2019 年 1 月,国务院办公厅发布《关于有效发挥政府性融资担保基金作用切实支持小微企业和"三农"发展的指导意见》,要求政府性融资担保、再担保机构聚焦支小支农,坚守准公共定位,弥补市场不足,支持发展战略性新兴产业,促进大众创业、万众创新。

在政府政策的支持下,各级政府均采取了相应措施整合以政府资金为主导的政府性融资担保体系,有的省份设立了融资担保集团公司,有的设立了中小微企业政策性融资担保基金,有的设立了融资增信引导基金。在这一阶段,政府性融资担保无论是机构数量、资金规模还是业务规模,都不断提升,业务总量和业务占比均有所增长。特别是再担保业务,在国家融资担保基金的带动下,在全国范围内蓬勃开展。

7.2.3.2 机构特征

政府性融资担保机构是依法设立,由政府及其授权机构、国有企业出资并实际控股,以服务小微企业和"三农"主体为主要经营目标的融资担保、再担保机构。机构形式多元化,以政府投资的公司为主要形式,也有集团公司、事业单位、政府性融资担保基金等多种形式。

7.2.3.3 问题

政府性融资担保也存在如前所述的融资担保行业的问题,如融资担保机构的补偿机制问题,如何可持续发展? 如何进一步扩大政府融资担保对中小微企业扶持面,同时又能精准扶持,弥补市场失灵部分? 政府性融资担保机构如何发挥对整个融资担保行业的带动作用? 这些问题都需要在新时代的实践中不断探索。

7.3 我国政府性融资担保的发展建议

7.3.1 我国融资担保行业发展面临的问题

融资担保作为连接金融机构和中小实体经济间的桥梁和纽带,是扶持中小实体经济发展的重要手段,但是我国融资担保行业起步较晚,尽管经过了近 30 年的发展,仍存在诸多问题。随着《融资担保公司监督管理条例》的出台,对融资担保行业的监管思路、发展方向和经营模式进行了调整,明确了融资担保机构准公共品的定位。尽管融资担保行业迎来了新的发展机遇,但仍面临诸多问题。

7.3.1.1 融资担保机构的补偿机制问题

融资担保是风险高、收益低的行业。长期以来,我国融资担保机构存在经营能力不足、支持小微企业和"三农"融资意愿不足等问题。基于支持普惠金融发展的行业定位,国家积极推动建立政府性融资担保体系,并给予一系列的支持政策。

(1) 加大奖补支持力度,中央财政要对扩大实体经济领域小微企业融资担保业务规模、降低小微企业融资担保费率等工作成效明显的地方予以奖补激励。

(2) 完善资金补充机制,探索建立政府、金融机构、企业、社会团体和个人广泛参与,出资入股与无偿捐资相结合的多元化资金补充机制。中央财政要根据国家融资担保基金的业务拓展、担保代偿和绩效考核等情况,适时对其进行资金补充。鼓励地方政府和参与银担合作的银行业金融机构根据融资担保、再担保机构支小支农业务拓展和放大倍数等情况,适时向符合条件的机构注资、捐资。鼓励各类主体对政府性融资担保、再担保机构进行捐赠。

(3) 探索风险补偿机制,鼓励有条件的地方探索建立风险补偿机制,对支小支农担保业务占比较高,在保余额、户数增长较快,代偿率控制在合理区间的融资担保、再担保机构,给予一定比例的代偿补偿。

虽然有了政策,但是如何切实落实政策,让资金补偿、风险补偿能够持续进行,是目前面临的挑战。

7.3.1.2 融资担保机构对中小微企业扶持面问题

融资担保业务具有准公共品性质,融资担保机构应提高融资担保可获得率和覆盖面。但目前获得担保支持的中小微企业占比仍不高,在风险可控或一定的风险容忍度范围内,如何扩大扶持面,让更多的小微企业获得担保支持,是目前面临的急需解决的问题。特别是在经济下行期,融资担保作为支持普惠金融发展的重要环节,更应切实发挥其准公共品的性质,让更多的小微企业获得政府的支持,从而促进经济的稳定发展。同时,在扩大对企业扶持面的同时,如何做到精准扶持,提高担保的效率,提升政策效能,也是需要考虑的问题。

7.3.1.3 政府性融资担保机构对整个融资担保行业的带动问题

国家着力推进政府性融资担保体系的建设,坚守政府性融资担保机构的准公共定位,弥补市场不足,支持发展战略性新兴产业,促进大众创业、万众创新。但是融资担保行业仅仅依靠政府性融资担保机构是远远不够的,政府性融资担保机构在做大做强中小微企业和"三农"融资担保业务的同时,仍需要发挥引领和带动作用,促进融资担保行业的整体发展,才能更好地支持大众创业、万众创新。采取何种机制发挥政府性融资担保的带动作用,也是目前需要积极探索的问题。

7.3.2 政府性融资担保的发展建议

发展政府性融资担保机构,强化融资担保机构的准公共品属性,是对融资担保行业发展方向和发展定位的重大调整,标志着融资担保行业发展进入了一个新的阶段。在新的发展阶段,同时面临着经济发展的下行期,政府性融资担保一方面要将支持小微企业和"三农"落到实处,进行到底;另一方面要保持自身的可持续发展能力。如何保持可持续性,乃是政府有关部门努力的方向。

首先,从外部来讲,政府应积极采取措施,建立并落实资金补充机制,细化风险补偿机制,可以针对不同的融资担保产品、担保对象,并结合担保机构的风险控制水平,实施有层次的分级风险补偿机制,或者奖补措施。

其次,就内部而言,政府性融资担保机构应做到以下几点。①应完善内部治理结构,建立高效率的决策机制、风控体系,保持内部决策的稳定性。②提升产品创新能力,既要扩展扶持面,提高覆盖率,又要在扩展的同时,力求精准。例如,上海开发了园区贷保"批次包"产品。该产品改变了原来由银行推荐企业给担保公司的常规方式,主要由政府推荐,结合园区特点和产业定位,更加精准聚焦支持培育发展园区重点产业,形成园区贷保"批次包",向银行投标,中标银行采取"集中报送、统一受理、优惠费率、快速审批"的方式承做。园区贷保"批次包"产品支持重点更聚焦,利率费率更优惠,通过"包"的形式,把一些原来银行不愿意支持但符合政府产业导向的企业纳入了支持范围,有效弥补了市场失灵的部分,更能体现政府性融资担保准公共品的政策效应。③研究有效的风控手段和措施。例如,尽管我们提倡信用担保,不设置抵质押反担保,但是小微企业并不是完全没有抵质押品,有的只是抵质押品不足,或者形式上不是传统的抵质押品。如何把这些不被银行接受的抵质押品作为风控的手段,突破传统和常规,既要手续便捷,又能防范风险,有待创新和实践。

第 **8** 章

政府性融资担保业务的操作

融资担保是普惠金融体系的重要组成部分,特别是政府性融资担保,对于发展普惠金融,促进资金融通,解决小微企业和"三农"融资难融资贵问题,具有重要作用。本章对政府性融资担保相关业务的操作内容做一归纳和阐述,主要介绍政府性融资担保业务中具有创新特色的操作模式。

政府性融资担保以服务小微企业和"三农"主体为主要经营目标,其业务定位决定了其业务特征:单笔担保金额不大,但是担保笔数多,担保总量大,风险控制难度大。例如,某政府性融资担保机构,每年融资担保项目近 2 万笔,担保贷款总量近 600 亿元。因此,既要做大做强担保总量,又要把业务风险控制在一定范围内,对业务操作模式的优化是一个巨大的考验。在传统单笔评审操作模式下,每年要操作上万笔担保项目,担保机构是难以完成的,政府性融资担保业务必须创新操作模式。

8.1 操作模式的变化

近年来,各地的政府性融资担保机构围绕中央有关"务必做到小微企业融资更便利,综合融资成本稳中有降"的目标要求,把握服务国家战略、服务科技创新、服务实体经济的功能定位,不断探索和优化政府性融资担保业务的操作模式,实现"增量扩面、提质增效"。政府性融资担保业务的操作在受理和评审环节具有自身的特点,相较于传统的由担保公司逐笔进行受理审核的操作方式更具多元化,业务的受理、评审方式等更具灵活性。

首先,受理环节,主要以银行送保为主。政府性融资担保机构会建立合作银行名单,与合作银行签署合作协议,约定双方开展政府性融资担保业务的权利义务等,只有签署合作协议的银行才能与政府性融资担保机构合作开展业务,这点与商业性的担保公司和银行的合作方式无异。但是政府性融资担保机构往往不做业务营销,只负责业务的评审,会配合银行对外做担保产品的宣讲和政策解读,客户来源大多是银行推荐的。而商业性的融资担保机构大多会主动营销自己的担保产品,挖掘合适的客户,担保机构和合作银行会相互推荐融资客户。在政府性融资担保业务的受理环节中,有融资需求的企业须先向银行申请,然后由银行按照与担保机构约定的操作方式进行推荐,一步步推进业务的开展。有的企业会直接找到担保机构,这时担保机构也会要求企业先向合作银行提出申请,不会直接受理企业的融资担保申请。

其次,评审环节,采取了以批量形式审核为主、逐笔实质审核为辅的评审模式。融资担保业务的评审是担保业务开展的重要环节,对业务采取怎样的评审方式以及评审标准,不仅体现了担保公司的业务偏好、风险容忍度,更是担保机构综合实力的体现。传统的商业性融资担保公司基于对风险和收益的考虑,大多采取以担保公司为主导的逐笔业务评审的方式,担保公司的评审独立于合作银行的评审,其评审结果不依赖银行的评审结果;同时,对单笔融资规模不同的业务,评审的层级也不一样,比如担保金额单笔 1 000 万元以上(含 1 000 万元)的业务,须经过评审委员会的审核通过;单笔金额 200 万元以下(含 200 万元)的业务须经业务部门和分管领导的审核通过。不管业务最终的审核层级是怎样的,逐笔业务进行审核是主要的评审方式。然而对于政府性融资担保机构而言,业务笔数多,业务规模大,以担保公司为主导的逐笔审核方式显然跟不上业务的增长,也与担保机构的人力资源不匹配。面对担保业务规模以及笔数的急剧增长,很多政府性融资担保机构采取了批量形式审核的评审模式,也就是对单笔一定金额以下的某一类型的业务,制定并公开评审标准,对于银行送保的这一类型的业务,进行材料审核,不再逐笔进行实质调查和评审;对于单笔金额比较大、超过一定金额上限(单笔金额的上限和下限由担保机构结合业务的实际情况制定并动态调整）的业务仍旧会采取逐笔实质审核的方式，按照不同的评审层级予以审核批准。同时，对合作银行辅之以定期考核和评价，比如对代偿率、业务规模进行综合评价。不同的评价结果决定了今后双方的合作方式（如提高或者降低担保比例，80％的担保比例提高到85％或者降低至75％），承做业务质量差的银行可能会停止合作。这样的操作方式以充分信赖银行的专业能力为前提，充分调动了合作银行的积极性，极大地提高了评审效率，为中小微企业和"三农"融资担保业务大规模的增长提供了有效的支撑。

此外，政府性融资担保业务的操作也随着科技、经济的发展，不断发展变化。

一方面，引入线上受理、信息系统核对关键数据指标的模式。政府性融资担保机构通过跟政府大数据中心合作，通过信息系统对企业的经营数据与政府大数据中心的相关工商、财税等信息进行比对，不符合受理标准的企业不能进入下一业务操作阶段。例如，有的担保机构设定企业受过工商行政处罚、企业法定代表人或实际控制人近两年有严重不良信用记录的情况为不准入标准，通过信息系统的大数据筛查，具备准入条件的企业直接进入下一评审阶段，这样"让数据多跑路"，有效提高了工作效率，缩短了企业获得融资的时间。当然，基于企业信息的保密要求，与政府大数据中心的合作必须获得相应的授权才能合法地使用相关企业的信息数据，同时，数据的使用必须限于融资担保业务的评审。此外，担保机构对于企业在政府大数据中心的数据信息的使用范围，也就是大数据中心的数据对担保机构的开放程度，需要担保机构与政府之间在合法合规前提下的坦诚合作。政府性融资担保机构与其他担保机构相比，在与政府的合作方面具有更多的便利，应积极争取政府大数据中心向其开放更多的企业信息数据，以获得企业更真实的情况，进一步防范业务风险。另一方面，依托担保机构的合作单位，如银行、政府部门、行业协会、园区等机构，让合作单位助力政府性融资担保业务的评审。中小微企业是经济发展的主力军，促进就业的主渠道，产业链供应链稳定的重要基础，国家成立政府性融资担保机构，将业务聚焦于小微企业和"三农"，其目的是让这些企业稳定发展，做大做强，为国民经济的发展提供动力。而扶持中小微企业和"三农"必须全社会形成合力。近年来,政府性融资担保机构不断加强与银行、园区等的合作,摸索开创了很多具有特色的业务操作方式,比如:设立企业"白名单"制;构建专项产品(专精特新贷、科技小巨人贷等)服务体系;实践"批次担保"和"园区贷保"的操作模式。在此,重点介绍"批次担保"和"园区贷保"的业务操作。

8.2　几种具有特色的政府性融资担保业务模式①

8.2.1　批次担保

"批次担保"业务是我国政府性融资担保机构结合业务实际,基于提高效率和控制风险的基本原则而开发的具有特色的创新业务操作模式。它是针对符合条件的贷款业务,在事先锁定担保代偿率上限的前提下,由合作银行对于单户贷款额度在一定数额以下(比如1 000万元以下,具体数额根据业务实际情况制定并动态调整)的中小微企业自主审批、放款,政府性融资担保机构采用事后备案(包括线下纸质备案和线上对接两种形式)的方式提供保证担保,并对不超过代偿上限部分承担保证责任的业务。一个"批次包"一般以一个自然年度为期限,即合作银行在一年的期限内发放的政府性融资担保贷款业务形成一个"批次包",同时要求"批次包"内的单笔贷款期限最长为一年。

"批次担保"业务相较于前面介绍的批量形式审核的业务模式,有两个突出的特点。一是银行自主权扩大,担保机构不进行任何形式或实质的审核。对于符合评审条件的业务,银行有权自主审批、放款,担保机构无须审核,银行只需在放款后将业务向担保机构备案,担保机构进行备案审查。备案审查内容包括:判断业务是否属于不予担保的范围;担保业务提交的材料是否齐全。对于已备案的"批次担保"业务,担保机构按约定承担保证责任。二是保证责任的刚性免除。担保机构对于超过担保代偿上限的部分免除保证责任的承担。

---

① 本节"批次担保""园区贷保"的资料来自某担保机构。

在实际业务操作中,"批次担保"业务的准入标准和担保代偿率上限及代偿的相关细节需担保机构和合作银行在业务开展前协商约定。

8.2.1.1 "批次担保"业务的准入标准

本书第二部分对融资担保业务的评审标准(包括政府性融资担保业务的准入标准)已经做了介绍。"批次担保"业务的准入标准首先要满足担保机构规定的政府性融资担保业务的准入标准,比如不属于不予担保的行业范围和企业范围;同时,担保机构和合作银行就"批次担保"业务的准入标准需明确约定。由于担保机构对于政府性融资担保业务的准入标准规定得比较原则,对于批次担保业务的准入标准,双方可以进一步细化。比如,对于借款企业或企业法定代表人、实际控制人严重不良信用记录的认定标准,每家银行会结合自身的风控要求作出规定,对此银行和担保机构应做细化的约定,以免双方对单笔业务是否符合"批次担保"业务的准入条件、能否纳入担保范围发生争议,影响日后的代偿。在实际的业务操作中,银行与担保机构对"批次担保"业务的准入条件约定得比较宽泛和原则性,如果约定过于死板和细致,不利于业务的开展。但是,银行在具体操作中,会结合自身的业务特点和风险偏好,执行比约定的准入标准更为细致的评审标准。

8.2.1.2 担保代偿率上限

担保代偿率上限的约定和代偿上限的核算是"批次担保"业务的核心内容。讨论这一问题之前,需要说明的是:尽管"批次担保"业务是银行自主审批,事后备案,但保证合同的签署是必不可少的环节,只不过对于"批次担保"业务,担保机构和银行不再对"批次担保"业务项下的单笔贷款项目签署保证合同,而是就整体"批次担保"业务签署总对总的保证合同,担保代偿率上限以及代偿上限均在总对总保证合同中予以约定。

(1)"批次担保"业务的担保代偿率是"批次担保"业务的代偿金额在"批次担保"业务实际担保总额中的占比。担保代偿率="批次担保"业务累计代偿额/"批次担保"业务贷款累计发放金额×担保比例。

(2)担保代偿率上限是"批次担保"业务担保代偿率最高的比例,一般约定为3%~5%。会根据不同的银行,或者不同的产品类型界定不同的上限,当然对同一银行、同一产品类型也会结合实际情况动态调整。

（3）代偿上限是担保代偿率上限所对应的代偿金额，"批次担保"业务累计代偿金额不超过担保代偿上限所对应的代偿金额。代偿上限＝"批次担保"业务担保贷款累计发放金额×担保比例×担保代偿率上限。例如，担保机构与合作银行在某期间内开展"批次担保"业务，这个期间内开展的业务为一个批次包，双方约定该批次包的担保代偿率上限为 3％。在这个期间银行发放的担保贷款总额（批次包担保贷款总额）为 1 亿元，担保比例为 80％，担保机构的代偿上限为 240 万元（代偿上限＝1 亿元×80％×3％＝240 万元）。假如，这个批次包业务的贷款全部到期后，担保公司应代偿 300 万元，由于代偿上限是 240 万元，所以担保机构将免除 60 万元的担保责任。

8.2.1.3　业务流程

（1）建立"批次担保"业务合作关系。担保机构与合作银行就"批次担保"业务的合作签署合作备忘录，约定"批次担保"合作规模和担保代偿率上限，并签署总对总的《"批次担保"业务保证合同》。

（2）申报条件确认。合作银行在业务受理前，通过担保机构的信息系统查询申请贷款企业在担保机构的在保业务情况，确认申请企业是否符合准入条件。

（3）授信业务审批。合作银行对申请贷款企业独立完成业务调查和审批，担保机构不参与"批次担保"单户授信业务的审批。

（4）合同文本签署。"批次担保"业务由银行与借款企业签署贷款相关合同，担保机构与银行无须就单笔贷款签订保证合同，合作银行代为面签申请企业与担保机构之间的《委托担保承诺书》《不可撤销信用反担保函》《个人无限连带责任保证函》等相关担保法律文件。

（5）业务信息录入。合作银行将相关业务信息上传至担保机构的信息系统，银行须确保信息的真实性、准确性、完整性。

（6）交纳担保费。贷款发放前，合作银行确认企业已交纳担保费。

（7）备案确认。①线下纸质备案。合作银行于每月定期（如 15 日前）按要求将上一月已放款的担保贷款申请材料集中移交担保机构，并附《"批次担保"项目清单》,担保机构对"批次担保"项目予以备案确认。②线上系统对接。担保机构大多开发建设了信息系统,通过线上信息系统,业务操作中可以快速了解项目的有关动态和详细信息。有的合作银行与担保机构开通了线上系统对接,通过线上对接备案"批次担保"项目。银行在贷款发放完毕后,通过系统将放款信息等发送至担保机构信息系统,经担保机构信息系统自动确认、核实通过后自动予以项目备案,银行不再向担保机构提供纸质的贷款申请材料和《"批次担保"项目清单》。但是项目到期后发生代偿的,合作银行应在代偿申请时提交项目贷款申请材料,以便于担保机构后续的司法追偿。

(8)解除担保责任。"批次担保"业务的贷款归还后(包括借款企业按期或提前归还全部贷款、担保机构代为偿还贷款),担保机构解除担保责任。采用线下纸质备案的,合作银行须向担保机构出具解除担保责任通知书;采用线上系统对接的,银行通过系统将还款信息、解除担保信息发送至担保机构信息系统,系统自动审核通过后自动解除担保,银行无须提供纸质解除担保责任通知书。

(9)逾期通知及代偿。"批次担保"业务发生项目逾期未归还的,合作银行及时通知担保机构,并按约定向担保机构申请代偿、提交代偿资料(担保代偿履约通知书、申请代偿项目情况表等),担保机构经审核通过后予以代偿。

8.2.1.4 "批次担保"业务的风险控制

"批次担保"业务完全由合作银行自主审批,担保机构不参与项目的评审,因此对"批次担保"业务的风险控制,不能着眼于单笔项目的风控,而是在整体上把控合作银行对"批次担保"业务的参与度、积极性、风控手势、可持续发展能力等。比较重要的是两个方面的把控:一是每批"批次担保"业务总量规模的控制;二是担保代偿上限的设定。

无论是业务总量规模,还是担保代偿上限的控制,其根本是既要调动银行承做业务的积极性,做大做强中小微企业担保贷款,又要在增量的同时把风险控制在可控范围内。一般来讲,业务总量规模会根据银行实际的业务承载能力设定,有的是 5 亿至 10 亿元,有的是 30 亿至 40 亿元;担保代偿率上限会参照行业的平均水平,并结合银行承做的业务类型(比如有的偏好高科技类,有的偏好供应链类),以及银行的风控水平等具体来确定,通常会设定在3％～5％。有的担保机构对合作银行有比较完善的考核评价体系,根据银行担保贷款规模、担保代偿率等,将银行分为 A、B、C 类。A 类银行设定"批次担保"代偿率上限为 4％,B 类 3.5％,C 类 3％,越是优秀的银行,给予更高的代偿上限,以充分调动银行的积极性。总量规模和代偿上限的设定也会随着业务开展的实际情况动态调整,以更好地推进业务开展。

笔者以为,对"批次担保"业务总量规模和代偿上限的设定,在参考行业平均水平的同时,还要科学地定量分析,在业务的实践中,摸索出规律。这就需要对每个"批次包"的业务进行定性定量"后评价",对包内每种业务类型的总量、代偿率及其占比,以及每年的情况趋势等做详细的数据比对。进行"后评价"有助于全面了解合作银行开展"批次担保"业务的情况,从而优化"批次担保"业务总量规模和代偿上限的设定,精准施策。

总体而言,"批次担保"业务是非常具有特色的政府性融资担保业务模式,该模式改变了担保业务以融资担保公司独立审核为主的操作模式,取而代之的是银行自主审批、放款,担保公司不参与具体项目的审核,通过业务总量控制、担保代偿上限设定等方式全面把控风险的业务操作模式。这是对中小微企业融资担保业务风险管理理念的突破,在实践中也取得了良好的效果。据了解,某担保机构"批次担保"业务量在担保业务总量中占比逐年提高,2021 年占比已经达到了 60％,当年批次担保贷款发放总额达到 340 余亿元,而实际担保代偿率远远低于设定的 3％上限,并且低于同时期其他类型的担保业务的代偿率(同口径计算)。通过"批次担保"业务的开展,确实达到了"增量扩质"的效果。

8.2.2　"园区贷保"

"园区贷保"是"批次担保"业务项下的专项产品,其操作方式有别于一般的"批次担保"业务。前面介绍的"批次担保"业务,主要由担保机构和银行合作完成,担保机构确定业务总量和担保代偿上限,批次包内的具体项目由银行自主决定(不符合政府性融资担保业务基本准入条件的除外)。实践中,不同的银行对业务有不同的定位,风险偏好也不同,因此有一些企业,特别是处于成长初期,没有漂亮的财务指标,但是符合政府的产业导向,需要进一步投入和资金支持。这类企业往往不受银行青睐,不被纳入"批次担保"业务范围内。这就造成政府想扶持的企业得不到政府性融资担保的支持,于是,"园区贷保"产品应运而生。

"园区贷保"改变了贷款企业由银行主导选择的方式,而是由政府的相关部门和园区来主导确定,并将入选的企业组合成若干个"批次包",由合作银行参与投标,中标的银行按照投标的条件承做"批次包"内的贷款项目。对于"批次包"内的贷款企业,银行须"应贷尽贷",除非企业出现特殊情况,银行无法承做,经政府部门同意后,才能将企业从"批次包"中剔除。通过这样的创新和改变,贷款项目发现机制从过去主要依靠商业银行推荐的"单轮驱动"转变为由政府和银行合力推进的"双轮驱动",在实践中取得了良好的效果。主要体现为以下几点。一是项目选择更聚焦。充分发挥区级部门和园区"接地气"的优势,精准发掘优质企业,特别是战略性新兴产业领域产业链、供应链中高成长性的中小微优质科创企业,政府性融资担保的精准性进一步增强。二是利率、费率更优惠。纳入园区贷保"批次包"内的企业可以享受不高于LPR 的银行贷款优惠利率和财政担保费补贴,企业的综合融资成本进一步降低。三是风险容忍度更高。考虑到围绕政府产业导向,对中小微企业实施更为精准的扶持,园区贷保业务的担保代偿率上限的设定会高于一般"批次担保"业务,通常按照 5% 的代偿率顶格设定,为业务覆盖面的扩大提供了有效支撑。

相较于一般的"批次担保"业务,"园区贷保"有两个环节极具特色:一是"批次包"的构建,即贷款企业的筛选和组合;二是"批次包"的招投标。这两个环节完成后,"园区贷保"业务按照"批次担保"的业务流程完成申报、授信、放款等。

8.2.2.1 "园区贷保"批次包的构建

"园区贷保"业务以行政区划为单位开展,推荐企业名单的形成由区县一级政府的有关部门主导。政府有关部门通过产业园区上报有融资需求(单笔金额上限与"批次担保"业务的规定保持一致,一般不超过 1 000 万元)且符合政府性融资担保业务基本准入条件的企业名单。政府有关部门会结合所在区域政府产业导向、重点支持行业等对企业进行初步筛选,有的园区会通过购买服务的方式聘请第三方专业机构对企业进行初筛,形成"批次包"企业名单。原则上企业数量达到一定规模时,即可开展"园区贷保"业务。

形成"批次包"企业名单后,由担保机构将名单录入信息系统"企业白名单"库。信息系统会通过大数据对企业进行评级,分为 A、B、C、D、E 五档,系统会自动根据企业的评级和融资需求等要素,将企业分配成若干个"批次包",借由大数据技术,确保每个"批次包"内的企业数量、企业评级、融资需求比较均衡。比如,筛选出 100 家企业,分成 2 个批次包,包内的企业会均衡搭配,有优有劣,有成熟型的,也有初创型的。为推进"园区贷保"业务,政府会出台财政扶持政策,对"批次包"内的融资企业进行贴息贴费,进一步减轻企业的融资负担,调动企业积极性,增强发展动力,从而聚焦区域导向产业的发展,促进社会经济更具活力。

8.2.2.2　"批次包"招投标

园区贷保"批次包"形成后,进入招投标阶段。担保机构会向银行发布招标文件,介绍"批次包"的有关情况,以及投标要求。银行出于多方面的考虑,比如通过竞标活动参与地方经济活动,与政府保持良好的沟通与合作,扩展自身客户来源,等等,积极参与竞标,有的银行承诺利率下浮,有的银行承诺更便捷高效的审批流程,有的银行进一步缩短放款时间。通过招投标方式,企业以更低的利率、更好的服务获得了融资,实现了政府性融资担保的初衷。

第9章
合作银行差异化管理评价

政府性融资担保业务的推进离不开担保机构和银行的密切配合、精诚合作。为更好地服务中小微企业和"三农"发展,融资担保机构和银行对于积极根据国家政策导向,主动作为,加强合作,实现优势互补和互利双赢,在支持小微企业和"三农"发展方面承担应有的社会责任等方面,均已达成了共识。双方建立了合作规范,对合作标准、合作框架、日常管理、合作终止等不断完善合作机制,形成了银担合作健康发展的良性循环。

谈到融资担保机构与银行的关系,我们常常会觉得银行处于主导地位。在银行贷款融资业务中,客户的资信以及提供的担保品不满足银行的要求,才会介入担保公司的信用担保,客户通过担保公司的增信服务,获得银行的贷款。所以担保公司获得银行的认可,是开展业务的前提,担保公司在与银行的合作中,往往处于劣势。事实上,并非完全如此。有的融资担保公司有自身的业务特色,做精做深某一领域,通过增信服务不仅为银行分担业务风险,还为银行带来具有专业特色的业务资源,双方平等合作,互为补充,互利互惠。而以中小微企业和"三农"融资担保为主要业务的政府性融资担保机构与银行的关系更是风险共担,合作共赢,共同致力于普惠金融事业的发展。很多政府性融资担保机构,结合政府政策方向,合理使用政府资源,挖掘自身优势,通过合作机制的建设,充分调动银行开展中小微企业和"三农"贷款业务的积极性,切实做到了平等互利,共同发展。在此,简单介绍某政府性融资担保机构创设的"合作银行差异化管理评价"机制，以期借鉴。

9.1　合作银行差异化管理评价机制的设置背景

随着政府性融资担保业务的深入开展，与融资担保机构合作的银行越来越多。基于银担风险共担的原则，政府性融资担保机构对银行贷款业务的担保比例并不是 100％，通常承担 70％～90％的担保责任。而每家银行的成立时间不同，业务基础、风险管理水平也不一样，开展中小微企业贷款业务的量和质都不一样，呈良莠不齐的状况。如果对每家银行的担保比例整齐划一，不利于调动银行做大业务量并提高风控水平的积极性，因而对合作银行①与担保机构的合作情况必须进行定性定量评价，"因材施策"，给予银行不同的激励措施，才能奖励更精准，更具科学性、公正性，这就有赖于科学的考评工具。因此，差异化管理评价机制应运而生。

9.2　差异化管理评价机制的主要方面

9.2.1　评价原则

遵循客观、公平、公正、公开的原则，执行可操作、合理、有效、灵活的差异化管理标准。

9.2.2　评价内容的范围

合作银行差异化管理的评价内容包括具体评价指标和权重分配，如表9-1所示：

---

① 这里的合作银行是指与政府性融资担保机构签署合作协议，并已共同开展政府性融资担保业务的银行。

表 9-1 合作银行差异化管理的评价内容

评价指标	定　义	权重%
业务情况	合作开展的政府性融资业务的完成情况,包括年度融资担保业务总额、业务增长率以及创新业务情况	45
风险控制	合作开展的政府性融资业务的风险管理情况,包括年度代偿率和累计逾期回收率	20
政策导向	银行在合作开展政府性融资业务过程中,年度计划实施、科创型等重点支持类企业占比、政府性担保业务支持以及普惠金融业务占比	20
营商环境	银行在合作开展政府性融资业务过程中运用信息化开展业务情况、利率水平以及担保机构对银行合作配合度的评价	15

说明:权重分配以围绕政策导向、增规模、控风险的工作重点为原则。每个评价指标的具体子指标均分配权重,如业务情况权重为45%,其中,年度融资担保业务总额及增长率为35%,创新业务占比为10%。在此不一一列举。每个评价指标的权重分配结合工作实际,动态调整。

9.2.3　计分规则和评价标准

采用百分制计分规则,将评价指标细分为计分项目(年度融资担保业务情况、创新业务、年度代偿率、累计逾期回收率、重点支持类企业占比等),按年计分总评。

计分=计分项目完成情况/基准数×权重(基准数由担保机构根据业务发展规划和合作银行实际开展业务的情况设定)

9.2.4　评价结果

依照评价总分由高到低依次排名,根据排名情况将合作银行归为 A、B、C 档,A 档数量不高于评价对象总数的 25%(该比例可依据实际情况调整)。

9.2.5　评价结果应用

评价结果的应用遵循公开、透明的原则,并与资金托管、担保政策、业务优先推荐、业务合作挂钩。比如,评价结果 A、B、C 档分别给予 85%、80%、75%的担保比例;给予 A 档的合作银行绿色审批通道。

总之,通过合作银行差异化管理评价机制,担保公司和银行合作开展的政府性融资担保业务与对银行的奖励措施有机结合;通过科学的动态评价,将中小微企业的融资担保工作落到实处;通过具体的评价结果,建立推进担保机构和银行紧密协作、共赢共进的创新性合作管理模式,促进合作银行提高业务管理水平,调动合作银行支持中小微企业等实体经济发展的积极性,加强合作银行对政府性融资担保业务的持续推进力。

第**10**章
政府性融资担保机构风险
管理机制的建构

政府性融资担保机构风险管理机制的建构对政府性融资担保业务的可持续发展,凸显政策效应尤为重要。担保公司经营的产品是自身的信用,信用产品与其他商品、服务产品不同,它需要时间的沉淀和累积,并非一蹴而就。在这个过程中,它随时面临着经济社会形势的复杂变化、企业诚信缺失、国际国内金融市场变化等各种风险。政府性融资担保是为中小企业的融资提供信用担保,以弥补中小企业的资信不足,使其获得融资,得以发展。而中小企业信用担保是世界公认的较高风险行业,担保风险不仅来自担保机构本身、中小企业、信贷机构,也来自担保体系、政策和宏观经济环境等,因而对担保风险进行防范和控制,做好担保风险管理工作尤为重要。

10.1 政府性融资担保的风险类别

融资担保风险是指融资担保机构在从事融资担保业务的过程中,由于各种不确定因素的影响,导致遭受损失的可能性。政府性融资担保业务主要集中于银行流动资金贷款担保业务。从担保业务本身来说,政府性融资担保业务的风险与商业担保业务的风险在某些方面是共通的,主要有:宏观经济形势所带来的信用风险;未来市场价格(利率、汇率、股票价格和商品价格)的不确定性对企业实现其既定目标的不利影响所导致的市场风险;业务规则设置不合理带来潜在的操作风险，未按规则操作产生的风险，以及操作过程中的道德风险；等等。由于政府性融资担保承担着准公共财政的职能，具有明确的政策目标，所以政府性融资担保业务的风险还体现在以下方面。

10.1.1　产业优化扶持与担保风险控制的冲突

政府性融资担保着重支持符合政府产业导向，产品有市场、技术含量高、有发展前景的中小微企业，在某种程度上承担着政府产业优化扶持的功能。但是这类企业本身属于轻资产企业，缺乏传统风控手段所要求的担保品，容易导致担保风险控制与产业优化扶持的冲突。

10.1.2　风险监控手段与担保运作模式的冲突

随着政府性融资担保业务产业优化扶持职能的落实，以及金融产品的创新，融资担保风险控制手段必然会不断地创新发展，而符合支持产业发展又能将担保风险控制在可控范围内的新型担保模式的拓展需要人员和技术的更新和进步；但政府直接管理的政府性融资担保机构，由于人力、物力、财力等配备以及管理方式的限制，人员和技术的更新进步往往不能跟上担保风险控制手段的发展，两者难免冲突。如何解决政府性融资担保运营模式与创新风险控制手段的冲突，是政府性融资担保机构必须面对的问题。

10.1.3　业务规模目标与风险代偿容忍度的冲突

政府性融资担保以政策性、公益性、非营利性为目标，着力扶持中小企业的发展，发挥财政政策功能。各级政府对政府性融资担保业务的规模有要求，希望能够发挥政府资金的杠杆作用，把政府性担保业务做大做强。业务规模越大，意味着风险越大。尽管政府对政府性融资担保实施风险补偿机制，但是代偿率过高，就会影响政府性担保业务的可持续发展。因而，政府对政府性融资担保风险代偿的容忍度越低，与业务规模目标的冲突越大。

10.2　风险管理的含义及原则

10.2.1　风险管理的含义

风险管理是指主体通过风险识别、风险量化、风险评价等风险分析活动，对风险进行规划、控制、监督，从而防范风险，实现目标。风险管理涉及各个行业，每个行业都有其自身的特点。

风险管理是一个过程，由风险的识别、量化、评价、控制、监督等过程组成，通过计划、组织、指挥、控制等职能，综合运用各种科学方法来保证生产活动顺利完成。风险管理具有生命周期性，在实施过程的每一个阶段，均应进行风险管理，应根据风险变化状况及时调整风险应对策略，实现全生命周期的动态风险管理。

10.2.2　风险管理的原则

风险管理工作体现在每个工作环节以及评审环节、保后跟踪、风险预警等，须贯彻执行以下原则：

（1）全面性原则：风险管理必须覆盖公司的所有部门和岗位，并渗透到决策、执行、监督、反馈等各项业务过程和业务环节。各部门实施持续的风险识别、风险评估和风险控制程序。

（2）全员性原则：风险控制必须涵盖与各项业务相关的全体员工，不断提高员工对风险的识别和防范能力，树立全员风险意识。

（3）相对独立性原则：风险管理部负责中心的全面风险管理，具有相对的独立性和权威性，有权对中心各业务部门风险管理进行协调、监督和检查。

（4）风险管理与业务发展同等重要原则：风险在各项业务中是客观存在的，如果没有正确的风险管理措施，可能会给公司带来巨大的损失。因此，公司业务发展必须建立在风险管理制度完善和有效执行的基础上，内部风险控制应与公司业务发展具有同等地位。

（5）定性和定量相结合原则：采用定性和定量分析相结合的方法，使风险管理更具科学性和可操作性。

10.3　风险管理机制的建构

政府性融资担保无论采取哪种运作模式,风险管理机制的建构殊途同归。政府性融资担保基于扶持中小企业的政策目标,对代偿风险有一定的容忍度,尽管也注重项目本身的风险评估,但更注重中小企业融资担保业务的整体风险的管理,避免出现系统性风险;注重业务规模和风险代偿平衡点的把控,既要提升业务规模,同时又不能放任风险泛滥;注重政府性融资担保业务的健康可持续性发展,既要扩大政府性融资担保对中小企业的覆盖面,又要关注政策效应的持续推进;政府性融资担保还要注重担保业务结构与政府产业政策导向的匹配度。据此,对政府性融资担保风险管理机制的建构,需把握以下四个方面:优化健全政府性融资担保机构的决策运行机制;完善融资担保业务的评审机制;落实担保机构内部管理机制;加强与外部机构的合作,实施风险分担机制。

10.3.1　优化健全政府性融资担保机构的决策运行机制

无论是"由政府出资设立融资性担保公司开展政府性的融资担保业务",还是"政府设立融资担保基金,委托政府专门设立的政府性的融资担保机构运营管理基金,操作政府性融资担保业务,或者委托其他商业性融资担保公司操作政府性融资担保业务,由基金承担担保代偿损失"的政府性融资担保模式,均须优化健全有效的决策运行机制,以适应融资担保业务的金融性、市场性特征。

对于政府出资设立的政府性融资担保公司,其依据《公司法》的有关规定,建立由股东会、董事会、总经理构成的决策运行机制。有的融资担保公司在董事会下设评审委员会和风险控制委员会,对重大项目通过评审委员会的会议机制进行决策。总经理是公司的执行机关,负责具体事务的执行和日常经营管理。对于融资担保公司决策运行机制的优化健全,需注意决策的及时性和有效性,股东会和董事会的决议事项必须清晰明确,董事会可以将与业务开展相关的决策事项授权公司总经理办公会决策,以提高决策的效率。另外,对于专业性的决策事项,充分发挥业务评审委员会和风险控制委员会的职能,确保决策的正确性。

对于政府设立担保基金,委托专门机构运营管理的模式,如果受托运营担保基金的机构是公司形式的融资担保公司,其决策运行机制与前述政府出资的融资担保公司是一样的。这里主要阐述事业单位性质的融资担保机构受托运营融资担保基金的决策运行机制。政府设立政府性融资担保基金,并委托政府专门设立的事业单位运营管理担保基金的模式在全国范围来讲,并不多见。通常担保基金设立基金理事会作为决策机构,该机构类似于公司的股东会,它不是一个常设机构。受托运营管理的担保机构依据理事会的决策,具体实施业务操作,当然在具体操作过程中,其自身也有决策运行机制,确保业务操作的顺利开展。在执行决策层面,需注意受托担保机构内部决策的分工和授权机制的有效运转,为担保业务的开展保驾护航。

概言之,无论是政府性融资担保公司还是事业单位性质的融资担保机构,风险管理机制的建构首先要合理设置决策运行机制,必须明确每个决策层级所决策的事项。政府性融资担保业务与政府政策导向、宏观经济情况、市场发展变化密切相关,为保障决策能够迅速应对市场的变化,可以将与开展业务相关的决策事项授权总经理决策;同时,设立业务评审委员会、风险控制委员会,明确规定委员会的职责以及议事规则,充分发挥业务评审委员会、风险控制委员会的作用,为决策运行提供专业支持。

10.3.2 完善融资担保业务的评审机制

担保业务的评审机制也是政府性融资担保风险管理机制建构的重要方面。对具体担保项目的风险评估,是风险控制的重要环节。政府性融资担保业务的评审相比商业性融资担保,有其自身的特点,需要在项目风险、政府产业导向、宏观经济形势和业务规模等方面把握平衡点,比如:要区分符合政府产业导向的企业的准入标准;宏观经济形势不好的时候,要体现政府的政策效应,加大对中小企业的扶持力度,放宽准入标准,让更多的企业得到扶持,从而支持实体经济的发展。评审机制的完善应注重以下几方面。

10.3.2.1　结合政府性融资担保业务的特点，创新符合实际情况的评审模式

政府性融资担保的业务对象是中小企业，贷款金额小，有的融资担保平均单笔贷款金额 200 余万元，担保户数多，笔数多，评审工作量大。如果单纯依靠担保机构的人力对项目逐笔评审，将难以完成评审工作。因此，必须创新评审模式，比如依托于银行，将一定金额（如单笔贷款 200 万元）范围内的担保业务交由银行审查，担保机构依据合作协议和操作规则对银行予以考核，从而提高审批效率，促进业务规模的增长。此外，担保机构对自己实质评审的项目，也应区分不同的金额，采取不同的评审方式，提高评审的效率和质量。

10.3.2.2　区分不同的业务产品，制定不同的评审标准

政府性融资担保的目的决定了融资担保业务具有明显的政策性导向，对于政策重点支持的产业与非重点支持的产业应结合业务的产品特点，制定适合推动该类业务发展的评审标准，不能一刀切，以体现政府政策导向。当然，评审标准也不能过于分散，不便于评审人员掌握。针对政府性融资担保业务，可以先制定一个通用的准入标准，比如担保对象的范围、标准、注册地、行业等，通用的准入标准也可以用负面清单的形式来表述；在通用的准入标准的基础上对每一个大类产品制定基本标准，比如资产总额、净资产的要求等；对每一个大类项下的子产品制定细分标准，比如相关财务指标要求等。有的子产品是跟合作银行共同开发的专项产品，对于这类产品必须在与银行共同调研和充分磋商的基础上，依据产品的特点，并考虑合作银行的风控水平，制定专项产品的定向标准。

10.3.2.3　根据政府政策性要求和经济形势的发展变化，适时调整评审机制

政府性融资担保业务评审标准的制定是一个长期实践积累的过程，恰到好处的评审标准能够助推业务规模，同时在可控范围内防范代偿风险。当然，业务的评审标准也不是一成不变的，必须结合政府对业务规模和风险控制的要求，适时调整。评审模式也不是僵化固定的，应根据业务规模、担保机构的人员状况等因素，不断地动态调整。

10.3.3　落实担保机构内部管理机制

无论是决策运行机制还是业务评审机制的建立完善，均离不开担保机构

内部管理机制的落实。

10.3.3.1 建立完善内控制度

内部管理机制最重要的方面就是建立内控制度。内控制度是企业为了保护企业资产安全完整,防范经营风险,利用企业内部因分工而产生的相互制约、相互联系的关系,形成的一系列具有控制职能的方法、措施和程序,并予以规范化、系统化而形成的一个严密的、较为完整的体系。

内部控制作为企业经营活动的自我调节和自我制约的内在机制,是防范企业风险最有效的一种手段。对于担保机构,建立并完善内控制度,才能有效地落实内部管理机制,促进担保业务的开展。担保机构不仅要建立健全合同管理、机构运转、财务管理等内控制度,还要完善担保业务评审和内部风险防控制度。为了有效防控风险,编制担保业务评审内控制度,需注意业务操作过程的流畅性,以及每个环节的风险点,并通过相关制度对风险予以防范。同时,需强化落实各项内控制度,在依法合规运行的总体要求下,以流程管控为切入点,加强各项操作流程的管理,有效防控担保业务风险。

10.3.3.2 建立科学合理的保后管理制度,做好风险预警工作

政府性融资担保的对象是中小企业,中小企业抗风险能力差,随着经济形势的变化,出现信用风险、市场风险的概率比较高。有必要加强对中小企业的保后管理,做好风险预警工作,以便及时防范和化解风险。政府性融资担保业务的特点是担保贷款笔数多,覆盖面广,而担保机构的人力资源有限,所以,如何实施科学合理的保后监管工作,是政府性融资担保机构面临的重要课题。

笔者认为,政府性融资担保机构的保后监管要依托合作银行的贷后管理机制,与合作银行密切合作,形成保后管理合作机制,对风险项目及时预警、及时化解。担保的目的是保障债权人实现债权,担保机构为中小企业的贷款向银行提供担保,对银行来说实现债权有了保障,主观上可能会放松对贷后的管理。尽管有的银行与政府性担保机构实行风险分担原则,但银行分担的风险比例较低,风险敞口不大。相比其他类型的贷款,银行对政府性担保贷款的贷后管理重视程度不够,政府性担保机构需加强政策引导,与银行建立

联合保后监管制度,加强贷后风险预警工作。政府性担保机构可以通过各种政策手段,督促银行建立完善并实施政策性担保贷款贷后管理制度,担保机构对银行贷后管理的实施情况予以检查评估。银行贷后管理的绩效与合作银行的考核挂钩,从而形成有效的激励机制。

此外,政府性担保机构的保后监管工作还要有效利用大数据信息系统,特别是政府征信平台,对担保企业的各类信用信息进行有效监控,及时预警,及时采取风险化解措施。

10.3.3.3　制定并实施灵活有效的风险控制策略,通过风险控制策略加强对业务的全面管理

风险控制策略是基于政府性融资担保业务的总体目标,依据风险管理原则,以防控风险为目的,对业务规模、风险代偿率、风险防范的具体对策作出的整体安排,从而保障政府性融资担保业务的可持续健康发展。政府性融资担保机构的风险策略需把握好"依托银行、强化管理、分散分担、政策引导、科学布局"这几个方面。

制订风险控制策略,首先,要依据政府的政策导向,从总量上确定业务规模,以及相应的风险代偿率的容忍度。政府的政策导向往往会根据宏观经济形势的变化作调整,所以关注社会经济发展情况,关注行业数据的变化情况,是制订风险控制策略的重要方面。其次,要在对政府性融资担保业务结构进行分析的基础上,关注担保业务结构与政府产业导向的匹配度,关注不同业务产品以及不同行业产品的风险状况,从而规划各业务产品的合理占比范围,并对高危行业予以提示,把控整体风险。此外,要注重防范系统性风险,通过实施全方位的风险分散策略,加强对担保风险的防范。

10.3.4　加强与外部机构的合作,实施风险分担机制

政府性融资担保的风险管理机制的建构离不开合作和风险分担机制的实施。尽管政府性融资担保有一定的风险容忍度,但是建立与外部机构的合作机制,实施风险分担,将风险分散,对于担保风险管理的可持续性发展意义重大。

首先，要加强与外部机构的合作。作为政府性融资担保机构，不能故步自封，要和银行、保险公司、证券公司等金融机构构筑战略伙伴关系。这些机构可以为担保机构拓展经营空间，带来业务增量，特别是银行，它是担保机构最为密切的合作伙伴，政府性融资担保的主要业务就是为银行的贷款提供担保。同时，这些机构有自己的风险防控体系，担保机构可以借助金融机构的风险防范的力量，加强自身的风险管理。要和其他融资担保公司加强合作，互相补充，共谋发展。政府性融资担保机构不能脱离担保行业独立发展，正所谓"独行速，众行远"。同时，政府性融资担保机构作为政府的代表，也肩负着引领担保行业的社会责任。特别是省级担保机构，有责任带领其他融资担保公司共同发展，更好地发挥政策性目标，支持实体经济的发展。此外，政府性融资担保机构与其他担保公司要形成优势互补，可以借助其他担保公司的人力资源、业务资源等优势，弥补自身的不足，形成共赢，从而放大政策效应。要和政府其他部门紧密协同，形成政府合力，共同推进政府性融资担保业务做大做强。政府性融资担保要围绕政府的功能定位，与其他政府部门形成合力，让政府性融资担保更接地气，与当地的经济发展目标相连接，成为支持当地经济发展的重要力量。

其次，要在合作的基础上，实施风险分担机制。风险分担机制是政府性融资担保业务风险管理的重要方面。对于高风险的政府性融资担保业务，实施风险分担，将风险分散，对于担保风险管理的可持续性发展意义重大。风险分担机制的建立，需注意分担的基础是合作共赢关系，只有建立在互惠互利基础上的风险分担机制才是可持续的。担保机构与合作伙伴的风险分担机制的设计，一定要把握好合作共赢的关系，不能顾此失彼，才能将风险分散落到实处，保障风险分担机制的持续性。

第 **11** 章
关于中小微企业商业融资担保业务的观察和思索[①]

从 1993 年成立中国投融资担保股份有限公司至今,中小微企业商业融资担保业务在中国市场运行了近 30 年。至今业内仍在争论:线下重运营的商业融资担保模式是否成立? 大数法则可否解决风险问题? 科技金融能否解决风险问题? 房抵类经营贷的市场前景如何? 货押真的可行吗? 商票质押风险如何? 供应链金融有机会吗?

在国内对中小微企业扶持的呼声越来越高的同时,我们有必要就上述问题进行思考和探索。

11.1 中小微企业融资担保业务的若干问题及思考

11.1.1 问题一:线下重运营的担保模式是否成立?

国内金融机构给中小微企业做授信多半要提供抵、质押物,纯信用的相对来说较少(电商平台类除外)。在银行把相对优质的客户挑选完后,剩下给融资担保公司的客户要么资质差一些,要么在抵、质押成数上做加成,风险加大。国内商业性融资担保公司数据显示,国内中小微企业纯商业性融资担保

---

① 本章作者为周昱。

贷款的平均违约率在 5% 左右,担保费在 2%～3%,即使加上其他费用,要打平上述违约率也有困难,如果加上担保公司人员费用则成本更高。这也是担保公司普遍认为中小微企业商业担保可行性差的主要原因。

银行喜欢抵、质押物主要是从违约成本出发,这样可以相对减轻对第一性还款来源的分析压力。因为这往往是最难分析的部分。但融资担保公司往往没有充足的抵、质押物来做反担保,这就逼得融资担保公司必须从分析客户经营性还款能力入手。

国内一些优秀的商业融资担保公司会通过多次访谈及账册底稿、科目明细和相关票据的佐证来重塑客户的真实报表,并以此来分析客户资金需求的真实性。这是对中小微企业进行客户的画像分析的雏形。这类做法通常要求担保公司人员人品端正,有相当的财务审计知识、商业知识和逻辑分析能力。通过一系列的科目逻辑勾稽及分析来判断客户的真实资金需求情况。这个做法是比较重运营的,也取决于担保公司人员素质。即使如此,对一些金额达到 500 万元以上的贷款来说,抵、质押物和抵、质押率也是项目成功的关键。

新加坡淡马锡旗下的富登担保曾在 2010 年就该业务模式在中国做过类似的尝试。但因为不良比例较高,超过 5%,商业化运作步履维艰。线下重运营的模式对于人员的素质要求相当高,即使人员达标,较高的坏账率仍然是巨大的挑战。

是否可以用较高的收费去覆盖风险?有几个问题仍需解决:一个是逆向选择,即较高的担保费吸引的客户资质会下沉,导致更高的不良率;另一个是较高的收费可能导致监管方面的介入。

11.1.2 问题二:大数法则可否解决风险问题?

美国国际集团(AIG)曾在中国北方城市做过小额信用类的产品测试,随机向路人提供小额资金,并约定还款期限及利率。测试以失败告终。国内某头部互金平台早期提供的小额信贷产品的不良率也曾高达两位数。不少测试和数据表明,在目前国内信用市场基础数据不完善、违约成本较低的情况下,单纯依靠大数法则,很难获得满意的违约率水平。

穆罕默德·尤努斯(小额信贷的创始人和推广者)在孟加拉国推广的小额信贷也不是单纯依靠大数法则。他进行了细致的考察和严格的人员筛选,借款人以妇女为主,互相联保,贷款只能用于生产、住房和教育,不得用于消费,借款人和贷款人每周开会。本地化的操作及熟人联保使得违约成本大幅上升。小额信贷更多地涉及人性的问题。

11.1.3 问题三:科技金融能否解决风险问题?

近期阿里风控人员称,2020 年的新冠疫情对小额信贷造成了一定冲击,但恢复得也很快。总结原因,一个是归功于国家的支持政策,一个是归功于平台的生态圈。目前没有出现第二个成功案例,哪怕是京东,不良表现也差了一个等级。阿里的授信策略主要还是看该客户的违约成本,因为其拥有客户完整的交易和物流数据,一个可以通过阿里平台赚 10 万元的客户,是不会愿意对几万元的小额信贷违约的。从法理上看是信用贷款,但其本质是店铺、应收账款、仓单的质押贷款。

科技金融的基本逻辑就是:平台越大,客户黏性越大,数据越完整,违约成本越高,授信不良率越低。所以,只有少数拥有客户大量完整的交易和物流数据的头部平台可以做该类授信。

11.1.4 问题四:房抵类经营贷的市场前景如何?

房抵类经营贷主要侧重于客户的抵押物。如果客户抵押的是一、二线城市的个人住宅,期限足够长的话(3~5 年),贷款的抵押率是逐步下降的。银行在近几年的业务开拓中也不断尝试这类业务,并在不少银行成为普惠业务的主力产品。融资担保公司面临的主要问题是,优质客户在银行端以较低成本即可借贷,有一定瑕疵或政策风险的客户才会找到融资担保公司。单纯从风险角度来说,该类客户仍然是中小微企业中的佼佼者。拥有一定规模个人资产的企业主大部分还是成功人士。抵押物的升值空间及变现能力(处置价格)成了该类项目的成功关键。

11.1.5　问题五：货押真的可行吗？

2012年，上海地区的钢贸担保业务集中爆雷，对上海地区的担保行业造成了毁灭性打击，整个行业基本全军覆没。这个惨痛的教训使得当年经历过钢贸担保的公司谈钢色变，至今仍不愿意轻易涉足该类业务。回顾当年的业务开展，可以从中找到若干教训：

（1）货权并未真正落实。当时大量的银行及融资担保公司都是借用福建或上海地区民营的钢材仓库进行货押操作。由于监管方的暗箱操作，同一批钢材质押给多家银行，"一女三嫁"的问题由此而来。等到银行及担保公司发现了问题，为时已晚。

（2）联保并不能解决货押的风险问题。在少量单户货押违约的情况下，联保确实曾起到过一定的作用。这从某种程度上也麻痹了融资担保公司，使其高估了联保的作用。在系统性风险来临时，原先愿意还款的客户因为看到联保的责任巨大，也选择了违约，此时联保成了违约的助推器。

（3）监管人员责任收入不匹配。监管几万吨钢材的仓储人员，其工资每个月只有几千元，责任与收入的不相称导致监管人员极易被腐蚀和拉拢。

从上述教训中我们可以看出，选择自己的库来存放质押物，放弃联保模式，并选择合适的人员给予恰当的薪资，成功的几率将大幅上升。

11.1.6　问题六：商票质押风险如何？

商票质押在银行端还处于摸索阶段，一些融资担保公司也在该类业务上做了些许尝试，其主要的风控点在于核实票据真实性及客户白名单准入。由于现在票据业务越来越多采取线上业务，票据真实性审查也越来越方便。需要注意的是承兑人内部操作人员的道德风险，即使票的形式是真的，但其贸易背景可能是虚假的。所以，需要凭借审查人员的行业经验，对其贸易背景进行审查。

客户白名单的筛选是此类业务的核心能力。商票业务实质是该类客户的应收票据，因为受《票据法》保护，其还款顺序应优于应收账款。但其本质上是一个应收业务，对核心承兑企业的准入成为该业务的关键。大多融资担保公司会选择一级国、央企的商票,但在实际操作中,开票方往往是二级国、央企,而且一级国、央企的票在许多银行也是可以贴现的。业务的下沉可能会导致风险的上升,这对准入来说是一个考验。

融资担保公司承做此类业务的优势是银行如果直接对商票贴现是无法计入普惠业务指标的,而通过票据质押给担保公司,凭担保公司保函放款则可计入普惠指标。

11.1.7　问题七:供应链金融有机会吗?

供应链一直是热门话题,许多金融机构都希望通过对核心企业的授信来带动上下游小企业的信贷业务。这里的主要问题有以下几个:

(1)好的核心企业的供应链业务早就被银行抢占,担保公司面临业务下沉。

(2)核心企业的上游一般被银行抢占,因为付款方是核心企业。而核心企业的下游银行往往不愿意介入,因为它们更多地面对市场销售的波动及核心企业对渠道的强势管理和压货。担保公司如果承做此类客户则风险直线上升。

(3)供应链金融还有一个问题是操作成本。因为供应链金融一般需要对系统进行对接,以了解客户的资金流、物流和审批流等相关信息,但如果核心企业的规模不够大,较高的信息投入成本可能会对业务造成障碍。

11.2　商业性融资担保公司与政府合作开展中小微企业融资担保业务的建议

商业性融资担保到目前为止还没有稳定成熟的营利模式,其难点就在于需要与政府进行深度合作,并创造良好的营商及信用环境。对于不同的融资担保业务类型,政府与商业性融资担保公司的业务合作模式不同。以下就几种常见的业务类型展开讨论:

11.2.1 金额在 300 万～1 000 万元的小企业授信

这种授信适合线下重运营模式,需要政府和商业性融资担保公司密切配合。

(1) 担保企业在政府的指导下根据产业研究和宏观政策研究制定有效的行业准入标准。

(2) 政府搭建社会信用体系来帮助担保公司了解企业运行情况,比如:企业及经营者个人征信数据、税务数据、基本水电煤账单、人员工资社保数据、进出口海关数据等。

(3) 政府及商业融资担保公司要求借款人聘用指定的财务经理,其费用将由政府及商业融资担保公司分担。财务经理接受担保公司及政府部门的考核及尽职调查。几家中小企业可共享同一财务经理。财务经理定期或不定期更换。财务经理将企业运行情况及资金使用情况向担保公司定期汇报。之所以加入政府要求是为了方便要求企业执行该条规定。如果由政府及担保公司设置财务经理,还可考虑开展供应链金融业务,根据上下游企业的信用实力及过往历史偿付记录来进行增信。

(4) 放款需严格落实资金用途,并根据实际需求逐步放款。放款不一定依赖抵、质押物,在实际了解企业的真实运行情况及资金需求后可根据实际情况来灵活放款。放款品种尽量考虑流动资金贷款或供应链融资。

(5) 地方社区及街道须配合担保公司做该公司的背景调查。

(6) 贷款利率及担保费须足够低,以实际吸引并帮助当地的优质中小企业。

(7) 地方政府仍需准备一定比例的坏账准备,与融资担保公司及银行共担风险。

11.2.2 金额在 20 万元以下的小额经营贷

担保公司需要头部平台的风控配合,利用大数据进行需求及违约成本测算。客户画像越精准,越有授信依据。政府在这里主要提供数据支撑,如企业及经营者个人征信、税务数据、基本水电煤账单、人员工资社保数据、进出口海关数据等。

11.2.3　房抵类经营贷业务

融资担保公司除了相对保值的个人住房抵押外,可以在政府的帮助下开发商业及园区地产抵押担保业务。由于政府对于园区及商业地产规划及土地使用有更大的掌控权,融资担保公司可以与政府合作,盘活相关资产并作为企业的授信依据。政府可以在税收及招商引资方面提供配套措施;政府甚至可以与融资担保公司签署商业用地回购协议,为融资担保公司授信提供依据。

11.2.4　大宗商品货押业务

理论上,该货押业务可以由商业融资担保公司独立运作,政府可以提供适当的仓库或土地,方便融资担保公司设立质押品监管场所,融资担保公司向政府提供租金并进行 24 小时监管。货押担保业务最重要的还是融资担保公司必须对货物有质押权,仓储货押如果不是融资担保公司独立租库是很难进行实质控制的。如果融资担保公司直接掌握仓储监管权力,则政府可以将银行货押贷款金额与仓储实际货物总体规模进行快速对比,及时掌控真实货押总额及折扣率,预防重复质押风险。联保模式只对小规模违约有效,在落实货押的基础上,无需也不建议采用联保模式。关键监管人员的背景调查要到位,薪酬要和岗位相匹配。

11.2.5　商票质押业务

可以由当地政府对票据业务进行电子化管理和规范,一方面确保交易的真实性,另一方面使数据透明化,提高企业的诚信意识,增加违约成本,并适当引导当地大的国有或民营集团通过票据业务融资。

第**12**章

金融科技在小微企业政府性
融资担保中的应用[①]

随着互联网技术在社会生活中的广泛应用,金融科技的重要性日益彰
显。在政府性融资担保领域,金融科技的应用有助于担保服务的提质增效。

12.1　小微企业面临的信用类融资难题的主要方面

小微企业面临的信用类融资难题主要表现在三个方面:一是小微企业本
身经营和盈利能力不稳定,企业生存能力弱,平均寿命短,存在天然的信贷违
约概率偏高的特征;二是企业财务及经营数据不规范,无法确定资金归还的
及时性与确定性,商业银行也难以通过规范化的指标体系判断企业的真实经
营状况,在贷款回收物缺乏和信用风险补偿不足的情况下,对支持小微企业
信用融资缺乏激励;三是我国融资担保体系不完善,传统抵押担保体系中以
土地、房产为主的担保品类,恰恰是小微企业缺乏的,因此,所能申请到的信
用类贷款额度往往难以满足企业经营的实际需求。

12.2　政府性融资担保体系对小微企业信贷的支持

然而对于小微企业而言,信用类融资需求又恰恰是真实存在的。这个时

---

① 本章作者李凌。

候政府性融资担保体系的建立,对于完善小微企业信贷支持就非常重要。一般而言,政府性融资担保属于小微企业的基础增信体系,在该体系中,政府通过政府性担保机构或组织,为小微企业提供增信,依靠地方财政帮助小微企业分担信用风险及损失。以美、日、英、德等为代表的发达国家,在 20 世纪 50—80 年代,就陆续建立了适应本国国情的小微企业政策性融资担保体系。我国则起步较晚,对该体系的建设始于 1993 年,但直到 2018 年国家融资担保基金正式运营,针对小微企业的政府性融资担保体系雏形才基本形成。担保体系中政府的介入,使普惠金融能真正落实于小微企业,有利于推动小微企业的发展。

如上所述,由于小微企业的自身特点,在现实运行过程中,传统的政府性融资担保模式主要依据企业的还款能力,而非企业存在的经营风险和发展潜力;通过担保基金对金融机构的信用风险损失进行补偿,提高不良容忍度,来构建政府主导的融资担保体系,提高小微企业的获贷率。但与此同时,传统模式下政府性融资担保机构在为小微企业担保的过程中,也大多按事先预设的条款,对小微企业申请担保进行"一刀切"审核,对于满足"门槛"条件的小微企业进行户均式放款;同时,往往也会采取缩短担保年限、降低户均担保金额、委托商业银行进行尽职调查等,来控制自身代偿风险。

12.3　政府性融资担保业务与小微企业实际需求不匹配的现状

对小微企业的政府性融资担保,本质上属于政府财政补贴下的零售担保业务,通常具有笔数多、金额小、风险分散等特征。但在上述"一刀切"的审核模式下,产生了信贷产品与企业实际需求不够匹配、市场化运作程度较低、对小微企业的审核与担保不够灵活等一系列问题。

以新冠疫情期间的上海为例,为帮助小微企业渡过难关,上海市中小微企业政策性融资担保基金管理中心在各区都开展了相应的贷款促进活动。对于各区实际税务注册、企业实际控制人信用状况良好、符合产业政策导向、具有良好市场前景和商业模式、诚信合法经营的中小微企业,年担保费率为 0.5%,年贷款利率不高于 LPR,担保费用可由区财政全额补贴,实际发生的利息还可以由区财政补贴 30％。从金融的角度来看,上述由政府性融资担保体系支持的低利率"企业贷"产品,已经算是在资金成本方面非常优惠、非常有竞争力的信用类贷款产品了。但在现实的市场反应中,可能却并未引起社会层面特别积极的反响,整体的贷款发放情况,也并未达到特别理想的预期效果,原因在哪里呢?

一方面,站在小微企业的角度,单一的资金成本优势并不是选择信用类贷款产品的全部决定因素。由于贷款申请本身也存在成本,征信查询次数的增加某种意义上也可能加大企业未来的贷款难度,因此,在决定申请信用类贷款时,除了资金成本的因素以外,申请贷款的便利性,批贷规则的透明度,贷款产品的期限、额度、还款灵活性等,都是小微企业在实际经营中会考虑的因素。加之小微企业主群体往往不同于现金流平稳的受薪工作人群,其在实际生活中的个人及企业征信状况往往非常复杂。如果负债情况并不复杂,不是特别有资金渴求的小微企业往往也不太有积极性去申请信用类贷款。此时面对批贷规则不够清晰,必须准备很多材料且无法线上数字化操作,同时期限、额度和借还灵活性并没有特殊优势的信贷产品,即使其存在一定的资金成本优势,也不会有太多的积极性去申请贷款。

另一方面,相比以商业银行为代表的金融机构,政府性融资担保机构在为小微企业群体服务时,同样面临着因信息不对称而导致的信用违约风险。作为担保方,政府性融资担保机构相对于金融机构而言,是不存在针对融资方的信息优势和效率优势的。由于缺乏人员与科技系统的支持,唯一的优势就是财政资金对信用类贷款违约风险的补偿。尤其在资金通过商业银行放出的情况下,本质上属于财政资金对企业信用类贷款资金成本的补贴,无法在底层逻辑上通过融资主体信用状况的担保识别,起到对整个金融体系的信用风险识别、缓释和信贷效率提高的作用。这种局面下,传统担保模式中政府性融资担保机构只能以特定区域内"一刀切"标准的企业流动资金担保业务为主,期限往往很短,致使特别符合市场融资需求的创新型业务难以开展甚至无法开展,产品和业务模式都过于单一,整个资金投放规模也难以达到期望的效果。

12.4　融资担保机构的数字化转型

基于上述原因,融资担保机构的数字化转型势在必行。数字化转型对于政府性融资担保机构而言,实质是通过现代金融科技手段,优化业务流程、缩减数字鸿沟、提升风控能力、增强获客渠道建设能力的流程再造,以帮助政府性融资担保服务实现提质增效。尤其是随着合作银行自身数字化的迅猛发展,政府性担保机构与银行和客户的关系,在整个数字化进程中都在发生不断的变化,未来传统模式或将难以为继。

金融科技实质上是传统金融业务与互联网科技产业的融合。伴随着大数据、云计算、第三方支付的技术,使得金融行业朝着高效、普惠、智能的方向发展。新兴的金融科技产业,通常既具备全面的金融功能,也具备互联网科技的高效优势。

一方面,随着数字化的推进,客户关系方面的消费升级,客户也需要全方位、便捷快速的服务;客户年轻化,习惯并倾向于数字化场景,融资担保机构的数字化转型是市场发展的必然趋势。金融科技的发展由于掌握了更为先进的数字化手段,能够对整个政策性融资担保的业务流程进行模式再造。在办理融资担保业务过程中充分改善客户体验,解决之前提到的申贷环节无法线上预申请、批贷环节审批规则不实时透明等问题。在吸引更多客户接受担保融资、提高政策性融资担保体系覆盖面的基础上,有效控制风险、降低成本、提升效率。

另一方面,金融科技的发展也有助于缓解融资双方信息不对称的困境,提高小微企业的经营效率。在数据监管日益严格的当下,作为准政府机构的政府性融资担保中心,可以与作为城市大脑的大数据中心合作。在确保用户隐私的前提和基础上,对接政府以及公安、工商行政管理等部门,通过金融科技手段完成对企业的信用评估,形成对小微企业主的信用画像,包括企业信用报告与信用评分,并追踪企业的经营情况,预测企业还款能力和发展潜力,根据企业的实际需求定制更加符合市场的政府性融资担保产品,为企业提供申请便利、规则透明、额度充分、支用灵活的信用类贷款,使得小微企业能够更有效地获得信贷支持。数字化只是手段,转型才是目标。金融科技在政府性融资担保业务中的作用,核心是通过数字化转型重塑业务流程,实现模式创新和信贷覆盖有效增加。

12.4.1 线上化、流程化的授信申请

通过将小微企业政府性融资担保贷款的申请流程由线下人工受理向线上预授信评估＋用户自主申请转换,可以改变传统融资担保模式中一开始就提交烦琐资料,并极度依赖人工推广的受理模式。在开始的线上环节,即给到小微企业可行的信用额度授信上限,打消企业提交烦琐申请文档又占用征信查询次数的顾虑。以信息科技驱动融资担保工作提质增效,推动担保业务从"劳动密集型"向"数据密集型"和"智力密集型"转变。

12.4.2 系统化、自动化的风险评估

作为政府部门派出的非商业性机构,政府性融资担保中心事实上在信息领域具有较强的中立性与可信度。在数据监管日益严格的当下,与商业银行不同,政府性融资担保中心在确保用户隐私的前提和基础上,可以与城市大数据中心合作,使用包括企业的工商、税务、社保、公积金等在内的企业数据,对申请企业进行信用评级。目前,商业银行作为商业机构使用该类较为敏感的数据进行企业信用评级存在一定的争议和激励风险。这时候,作为支持普惠金融的非商业性中立机构,政府性融资担保中心在对小微企业资金成本和信用风险进行价格补偿的基础上,同时利用自身的中立性,还可以使用更为丰富的数据维度,对商业银行的小微企业信用评级进行风险排序,提供敏感数据作为评级信息补充,更好地对政府性融资担保业务进行风险识别,从而降低损失风险,提升财政资金使用效率。

12.4.3 灵活化、智能化的产品创新

在拥有线上预授信申请系统和在线信用风险评级系统后,政府性融资担保机构就具备了对小额、分散的普惠金融零售担保进行全面风险监控和管理的能力。由此,灵活调整金融产品,创新业务模式,以数字化转型为契机,借

助科技的力量,综合运用模型算法、机器学习、数字加密等技术手段,结合市场真实需求智能化地调整风控策略和业务流程,批量进行风险监控和风险筛查,就可以有效解决风险审核的难点问题,从而扩展出更加灵活的担保机制,从而有利于政府性融资担保机构研发、创新更多的业务模式和产品类型。

通过政府融资担保分担商业银行的信用风险敞口,既降低了银行的不良贷款损失和风险拨备成本,也有利于更精准、更有效地发挥财政补贴的作用,以少量的财政投入撬动数倍以上的社会资本投入支持小微企业的融资担保行业的数字化改革不是单纯的技术转型,而是实现数字化驱动的战略性业务转型,这将更有利于发挥政府性融资担保机构对小微企业的支撑作用。

主要参考文献

［1］刘新来.信用担保概论与实务［M］.北京:经济科学出版社,2013.

［2］金振朝.融资担保法律实务［M］.北京:法律出版社,2013.

［3］杨立新.〈中华人民共和国民法典〉条文精释与实案全析［M］.北京:中国人民大学出版社,2020.

［4］杨会.担保法［M］.北京:北京大学出版社,2017.

致　谢

　　在本书的编写过程中，许多同事和朋友给予了我重要的支持、鼓励和帮助，在此，一并表示感谢。感谢张飞律师团队的周健、陈思蕾等律师为本书第一部分"融资担保法律理论"的编写付出的辛勤劳动；感谢陈贝也、周昱、李凌先生将实践经验化作可阅读的文字，为我们提供指引和思考；感谢陈炯先生，以其睿智和洞察，为本书的编写带来不可多得的创新经验的分享，并提供了难能可贵的思路和建议。此外，还要感谢上海交通大学出版社，为我们提供了出版的便利。希望本书能为融资担保领域的从业人员提供助益。